AF455173

HOMBRES EN VESTIMENTAS BLANCAS

por
Ann Ree Colton

Traducción
por
Manto Loredo

Derechos de autor © 1961, 1989, 2011; 2015 en Español
por Ann Ree Colton Foundation of Niscience, Inc.

Todos los derechos reservados,
incluyendo el derecho de producción total o parcial
en cualquier forma de este libro.

ISBN: 9780917189296
Primera Edición en Español
Tarjeta del Catálogo de la Biblioteca del Congreso: 2015958985

Impreso en los Estados Unidos de América

Ann Ree Colton Foundation of Niscience, Inc.
PO Box 2057
Glendale, California 91209 USA
Sitio Web: www.niscience.org
Correo Electrónio: office@niscience.org
Teléfono: (818) 244-0113

Amorosamente Dedicado
a
Jonathan
y
Jethro

PREFACIO

Cada persona tiene un Ángel Oscuro y de la Muerte. Desde el momento en que nacemos, el Ángel Oscuro sostiene la bascula entre la vida y la muerte. El Ángel Oscuro, que trabaja con el principio de destrucción, permite a las células del cuerpo que mueran. El Ángel Oscuro también nos permite el borrar o el olvidar recuerdos que nos agotan y nos causan dolor.

Cuando ha llegado el momento de que uno muera, su nombre es llamado por el Ángel Oscuro. Si uno le teme a la muerte, y se rehúsa a contestar el primer y segundo llamado del Ángel Oscuro, entonces tendra que ceder al tercero y último llamado.

Cuando uno ha respondido a las mecánicas de la muerte sin temor en vidas previas, este ve al Ángel Oscuro muy brillante y luminoso durante los últimos momentos de su muerte, y después de morir. Si uno cree en la vida eterna, este contempla al Ángel Oscuro como el Ángel Brillante de la Resurrección.

CONTENIDO

Prefacio

Grafica

1. La Muerte y el Alma 7
2. Preparación para la Muerte 22
3. El Alma y la Música del Cielo 31
4. Telepatía Entre los Muertos y los Vivos 46
5. Los Muertos no Ascendidos 62
6. Los Muertos Atados a la Tierra 93
7. Los Muertos Vivificados 120
8. Los Muertos Ascendidos 131
9. La Ecuación de Dios 155
10. El Cuidado de los Muertos 163

Índice 178

Salvadores y Profetas	△ △ △ △ △
Santos	△ △ △ △ △ (Claustros del Cielo)
Presencia del Cielo y los Muertos Ascendidos	△ △ △ △ △
Corredores iluminados de los Muertos Ascendidos	△ △ △ △ △
Pabellones de Luz. Los Muertos Vivificados listos para renacer.	(Sala de Aprendizaje) △ △ △ △ △
Paraíso	
Las Cavernas del Purgatorio donde se da instrucción.	▽ ▽ ▽ ▽ ▽
Mundo-subconciente.	
Anestesia Purgatoria.	
Tumultos Purgatorios.	
Bien-intencionados Atados a la Tierra.	□□□□□□□□□□□
Malvados Atados a la Tierra.	■■■■■■■■■■■

Primer Cielo

Sala de Registros

1.

LA MUERTA Y EL ALMA

O hombre, corre vuestra carrera, y toma vuestro descanso cuando hayas corrido vuestra carrera. Aprende que la muerte, el tiempo de tranquilidad de vuestra alma, es el tiempo de sanar; pues la forma maravillosa de Dios ha preparado para vos un lugar más allá del tiempo y la prisa. Deja que vuestra voluntad tempestuosa se apacigüe. Haz a un lado vuestros juguetes y vuestros ídolos labrados. Contempla la joya en la que estas envuelto; ya que la luz del alma será vuestro propio eterno hogar.

Todas las cosas de Dios están grandiosamente entretejidas con la simplicidad. Las almas de los hombres están orientadas al nacimiento, vida, sueño, y muerte. La vida de cada hombre contiene un registro de lucha, esfuerzo, poder, y gloria. Ninguna partícula de acción, pensamiento, o emoción se pierde dentro del Plan Eterno de Dios.

La muerte, aparentemente tan lejana de la vida, está siempre muy presente dentro de la vida. Hombres con dimensiones mayores de alma ven a la muerte como un acto inevitable en el drama de la vida; desempeñan su papel en el drama de los vivos y muertos con similar agudeza, integridad, paz, y alegría. Tales hombres alientan al dudoso, al temeroso.

Conforme uno crece, madura y desarrolla, ya no ve a la muerte como un oponente o como adversario; ve la muerte como una necesidad inalterable. Tal entendimiento provee al alma con la fuerza de unir las buenas obras de esta vida con las esencias del cielo.

La persona promedio conoce muy poco sobre su verdadera identidad. Enredado en un mundo de competencia, fuerza y placer, y a menudo falto de creatividad, falla en la comunicación hacia sí mismo durante su vida entera. La muerte obliga a cada uno a comunicarse con sí mismo—a quedar abierto y exponer los motivos y acciones que son experimentadas durante la vida que se acaba de vivir. Toda persona entra en alguna forma de auto-comunicación después de la muerte.

Sin importar las teorías agnósticas, la incredulidad ateísta, o entrenamiento religioso, en toda persona existe una memoria inmortal de la vida eterna. El cuerpo del hombre—sus células y su estructura—mueren; pero aquello que lo creó a su imagen, lo formó, y que le dió vida no puede morir. La verdadera identidad del hombre, siendo una proyección de Dios, no tiene muerte.

La muerte es experiencia-del-alma. Para obtener la mayor experiencia-del-alma en la muerte, uno debe morir no solo en el cuerpo físico; uno también debe morir en sus creencias teóricas o teológicas en lo relacionado a la vida después de la muerte. Cuando el que muere se limita a una creencia doctrinal religiosa, creencias ateístas, o creencias materialistas, este interfiere con la experiencia del alma en la muerte.

El ateo cree que la vida sensual y física es la totalidad de la expresión. El cínico cree que el hombre ha creado un cielo a través de la imaginación. El materialista cree que si uno es bueno en el mundo físico, y que si hay un cielo, lo bueno que ha hecho le ganara el derecho a un lugar en el cielo. La mente religiosa tradicional cree que el hombre sobrevive la muerte y permanece perpetuamente ya sea en un estado de oscuridad por sus malas acciones, o en un estado de luz si él ha hecho buenas obras. El espiritista cree que los muertos continúan sus intereses y acciones en su mundo físico a la vez que se encuentran en el cielo. La mente metafísica descarta la creencia del infierno y cree en la vida después de la muerte en el cielo. La mente espiritual cree en la supervivencia y continuación del estado de conciencia después de la muerte, y en un estado progresivo de instrucción después de la muerte en grados variados de purgatorio y cielo. La mente espiritual sabe que el hombre renace repetidamente a la tierra, y que cada vida es una oportunidad de crecer, desarrollarse, y de evolucionar. Uno con mente espiritual también cree que la duración o lo largo de cada vida es determinada por el alma, y la necesidad de expresión.

La muerte es una alianza con el alma. Antes que uno muere, hace un pacto con su alma para morir en la forma que morirá. El Ángel Guardián, trabajando con el alma, lo acondiciona y prepara a uno para la muerte, sin importar que tipo de muerte se experimentará. Si debe haber muerte por accidente, guerra, violencia, o causa natural, la misericordia de Dios permite a cada persona percibir interiormente el fin de la vida física. Así es que la muerte no le llega a nadie fuera de tiempo.

El equilibro de existencia es un balanceador poderoso en la vida de cada persona. Por lo tanto, cuando el hombre dice, "Es la Voluntad de Dios", después que alguien ha muerto, esta declaración viene no de creencias superficiales, si no de una fuente de intuición alimentada y nutrida por los atributos inmortales del alma.

La mente atea, al ver la muerte por violencia, reafirma de forma cínica su falta de creencia en un Dios de Amor que permite que Sus hijos mueran por medio de la violencia o dolor. El que discierne el significado real de la muerte intuye y acepta la ley de Dios de ecuación y justicia. Se cree entre quienes tienen conocimiento espiritual que la muerte por medio de la violencia es causada por tendencias agresivas de una vida anterior y falta de reverencia a la individualidad de los demás.

> *Entonces Jesús le dice: Vuelve tu espada á su lugar; porque todos los que tomaren espada, á espada perecerán. (San Mateo 26:52)*

Durante una muerte violenta, el miedo lleva consigo un antídoto poderoso; ya que el Ángel Guardián y el Ángel de la Muerte ponen sobre una persona sometida a una muerte violenta la anestesia de la muerte, la cual anestesia el miedo. La conmoción que precede de inmediato a la muerte incrementa la velocidad de la acción del alma, y la entrada al mundo de los muertos es de una claridad sorprendente. Todo en el nuevo mundo se magnifica más allá de lo que se experimenta en la muerte natural.

Cuando uno muere por lo que se llama "accidente", ha fallado de alguna manera el observar la ley del tiempo en esta vida y en vidas previas. Cuando uno muere de muerte natural, o por causas naturales, este ha ganado en vidas previas la gracia de años y longevidad, para que se pueda suavizar y madurar según al periodo y la civilización en que vive.

Cuando masas de gente mueren a causa de cataclismos, terremotos, los elementos, ahogo, genocidio, o guerras, estas personas son retiradas de la vida por sus almas. Estas renuncian su derecho a la vida para poder prepararse a si mismas en los mundos interiores para que en otras vidas futuras en la tierra puedan lograr una mejor expresión dentro de una civilización superior.

EL DESEO DE MUERTE

Cuando una persona ha incurrido cuantiosas deudas en vidas previas, puede experimentar en la vida presente un deseo prolongado de muerte, o deseo de morir. Esto en ocasiones atrae a la persona una enfermedad seria, al borde de la muerte. La enfermedad es, en realidad, un acto de gracia que le permite a la persona cuadrar las deudas de las vidas pasadas mientras que permanece en el mundo físico. Desde este momento en adelante, ya no tiene el deseo de muerte; puesto que en la crisis de su enfermedad este ha intuído, interiormente, la causa del deseo de muerte, y ha hecho un acuerdo con su alma para permanecer en el mundo y cumplir con lo que su alma le pide.

Existe un deseo de muerte más peligroso—el deseo de muerte acompañado por la obsesión de quitarse su propia vida. Este deseo de muerte ocasiona el pensamiento de suicidio en la mente de una persona quien esta grandemente cargada con deudas aparentemente irremediables de las vidas anteriores. Ya que la vida aparenta ser inútil, sin un propósito, y sin salida, la persona no ve otra alternativa más que ponerle fin a su existencia. Tales impulsos, cuando son agotadores, son consumados en la toma de la propia vida. Por lo tanto, en vez de resolver su deuda, este aumenta las deudas al cometer una de las más grandes de todas las ofensas—el pecado en contra del Espíritu Santo.

Las personas que terminan sus vidas por sus propias manos son atrapados y fijados, después de la muerte, entre el mundo de los vivos y el mundo de los muertos. Al haber fallado a terminar sus compulsiones físicas, esas personas en realidad se aparecen en sus entornos pasados. Quien se quita su vida permanece en el estado fijado por el mismo período de tiempo que habría vivido si se hubiera quedado en su cuerpo físico.

El estado de ser fijado después de la muerte por suicidio es más doloroso que el estado simple de estar atado a la tierra; ya que la persona que ha cometido suicidio no puede entrar en las formulas rítmicas del purgatorio en la misma forma que uno que muere por otras causas.

DUELO POR LOS MUERTOS

Nadie es igual después de haber pasado por el duelo por los muertos. El duelo es un catalizador poderoso, que cambia la perspectiva, ilumina la mente, y que hace más sensible los lugares más duros del corazón. Para el de naturaleza materialista, la pérdida por causa de muerte es una experiencia severa y de disciplina. A quien no tiene una fe clara, el duelo por los muertos es una experiencia sombría para madurar. Para quien tiene conciente espiritual, la pérdida por causa de muerte es una experiencia de iniciación y revelación.

El duelo tiene el poder de cambiar y transformar la naturaleza egoísta en un temperamento de más magnanismo. La pena tiene el poder de proveer conocimiento, y de aumentar los retoños de la compasión. El duelo también tiene el poder de acercar al hombre al cielo y a la realidad del cielo. Durante un duelo intenso, el alma amplía los pensamientos de uno referentes al significado de la vida y la muerte, del cielo y la tierra.

El duelo tiene el poder de limpiar lo material y el cinismo en el pensamiento de una persona. También tiene el poder de liberarlo a uno de su temor a la muerte. Si uno adquiere una experiencia espiritual por medio del duelo, en un futuro su mundo será coloreado con pensamientos y acciones inmortales.

Donde hay duelo por los muertos, y un sentimiento de luto sincero, algo de gracia se les da a los vivos, por el cual su pena les puede aumentar su conocimiento de las cosas del alma. Después de la pérdida de un ser amado, muchas personas empiezan a profundizar hacia la razón del porque uno debe morir, y también desean saber si hay vida después de la muerte. A partir de ese momento, sus vidas se inclinan mas hacia lo espiritual.

Cada día mueren hombres. El duelo por algunos se brinda con un dolor genuino. La muerte de aquellos quienes han sido un impedimento es algo que a veces es considerado como alivio. Hombres mueren en prisión, en deshonra. Hombres mueren como mendigos o empobrecidos. Hombres, quienes han comprado el afecto de aquellos a su alrededor, mueren en palacios fríos. El mundo es indiferente a su muerte. Hay una carga sobre las almas de aquellos que no dejan dolor en el mundo. Cuando el duelo es genuino y sincero, los ángeles y sus ayudas ministeriales tocan a los dolientes, y los Ángeles de la Muerte encuentran que su labor es más fácil.

El duelo tiene muchas etapas: conmovedoras, profundas, angustiantes, nostálgicas, reverentes, y el recordar con gratitud. Cuando el duelo se ha trasladado a la etapa de recuerdos de agradecimiento, la atadura entre el doliente y el muerto se ha resuelto; y la memoria del muerto vive en los pensamientos reverentes de aquel en el mundo que lo amaba.

Las personas se hacen daño a sí mismas cuando sienten amarguras o son injustas hacia los muertos. El odio es como soldadura, une a uno con los muertos en vez de separarlo de los muertos. El odio después de la muerte causa estragos sobre los vivos y retrasa la ascensión de los muertos.

La persona materialista nunca esta preparada para la muerte de alguien cercano a él. La muerte de alguien valioso para él le llega como un impacto; y, en algunos casos, siente la muerte como una intrusión y como una ofensa personal. La muerte, en su fin, es espantosa para la mente materialista y cínica. En vez de suavizar la perspectiva dura de la persona, la muerte la acentúa; y, en este tiempo crucial de pérdida, la persona materialista, faltante de reverencia por la muerte, ve a la pérdida de alguien cercano de él como una inconveniencia.

Cuando una persona amargamente resiente la consecuencia natural de la separación causada por la muerte, y voltea la cara de el mayor de todos los duelos—la pérdida a causa de la muerte, está negando el tema sagrado de la vida. La sombra de su amargura recae entre él y el que ha muerto.

Después de la muerte de una persona importante para ellos, a los que son muy sensuales se les da la oportunidad, por medio del duelo, de ser menos sensuales. Si no hubiese duelo genuino, la persona sensual cae más profundamente en la sensualidad y el cinismo, y falla entender el significado de la muerte.

Cuando está de duelo de forma ciega y egoísta, este se preocupa solo por su propia pérdida, y no considera al que ha fallecido, o su paradero. Al pensar solo en la ausencia de la presencia física de quien le complemento, y que le hizo mas confortable en sus necesidades y deseos, este cierra la puerta al significado de la muerte.

La más egoísta de las personas, al ser confrontado con el duelo por los muertos, es expuesto por corto tiempo, aunque de forma involuntaria, a las verdades más grandes que confirman la realidad de la vida eterna.

MUERTE DE LOS JÓVENES

De todas las muertes que ocurren, la muerte de un bebé o un niño es la menos comprendida. "¿Por qué permite Dios que muera un niño? ¿Por qué debe un niño, la verdadera esencia de la inocencia y pureza, ser llevado del mundo? ¿Fallaron los padres, para que el niño haya sido tomado de ellos?" Estas preguntas han sido un enigma para quienes aman a los niños y quienes les aprecian. Comúnmente se cree por las personas en religiones formales que la muerte de un niño es la Voluntad de Dios, y que el niño está siendo protegido de los males del mundo. Esta creencia limita lo que Dios busca decir a través del significado de la muerte.

Cuando los padres tienen muy poco o nada de conocimiento de la vida después de la muerte o de la continuidad de las vidas, estos sufren una desesperación trágica en la pérdida de su joven. Si los padres son emocionalmente inmaduros, la muerte de su niño inflige un estigma pesado, y el amor frustrado hacia el niño deja heridas duraderas, a menudo coloreadas por un sentido de culpabilidad, o de ser indigno. Cuando los padres están orientados hacia lo espiritual, saben que cada uno es inmortal, y que toda asociación es parte del Plan de Dios. En el caso de la pérdida de un bebé o niño, los padres comprenden que la asociación vital y necesaria entre su alma y el alma del niño se ha cumplido.

Los padres quienes han dado a luz reverentemente a un niño miran el regalo de la vida como un encargo sagrado. Cuando hay pérdida de su niño por muerte, los padres reverentes se acercan cada vez más a un entendimiento del propósito de la muerte. Durante el tiempo más grande de duelo, son fortalecidos con las presencias del cielo. Estos padres no van en busca de deficiencias en la pérdida de un niño. Ellos consideran la visita del niño como una bendición, en la que un amor superior vivió en su hogar por unas horas, días, o años; lo saben, en su corazón, que tal amor fué un toque inmortal de gracia, y nunca podrá morir.

> *Mirad no tengáis en poco á alguno de estos pequeños; porque os digo que sus ángeles en los cielos ven siempre la faz de mi Padre que está en los cielos. (San Mateo 18:10)*

Los niños que mueren antes de su séptimo año, estan despiertos para ver a sus ángeles inmediatamente después de su muerte. Está en el poder de estos niños dar calma, consuelo, y alivio a sus padres. Estos padres invariablemente oran para reemplazar el niño que acaban de perder; pues el amor del niño desde el cielo inspira a los padres a que den a luz a otro niño. En raros casos, el mismo niño puede renacer a los padres. Esto ocurre solo en algún acto de gracia que se han ganado en vidas previas los padres.

El pesar, duelo, y sufrimiento de la madre y padre experimentados en la pérdida de un bebé o un niño incrementa la capacidad de amarse el uno al otro y de apreciar a todo ser amado. Las presencias del cielo, incluyendo los ángeles, trabajan incesablemente para dar consuelo a los que están en duelo por la muerte. Los Hombres en Vestimentas Blancas y los Ángeles Guardianes de la muerte se ponen muy cerca de la madre o padre en duelo, para que aquellos en duelo sean consolados.

HOMBRES EN VESTIMENTAS BLANCAS

Los Hombres en Vestimentas Blancas, una parte de la compañía celestial llamados los Elegidos, nunca han vivido en el mundo físico; son seres espirituales que cuidan, instruyen, y pastorean a los muertos. Su trabajo está dirigido a dar consuelo e instruir a los muertos, y consolar a quienes están en duelo por los muertos.

Los Ángeles de la Muerte y los Hombres en Vestimentas Blancas son el brazo derecho de Jesús que trabajan con los muertos. Estos seres celestiales auxilian a los muertos, permitiendoles a los muertos que crucen el abismo entre la tierra y el cielo.

Los Hombres en Vestimentas Blancas son en ocasiones vistos por quienes están en duelo por los muertos. En la ascensión de Jesús, los Hombres en Vestimentas Blancas estuvieron ahí para reconciliar a los discípulos sobre la ascensión de Jesús.

> *Y habiendo dicho estas cosas, viéndolo ellos, fué alzado; y una nube le recibió y le quitó de sus ojos.*
>
> *Y estando con los ojos puestos en el cielo, entre tanto que él iba, he aquí dos varones se pusieron junto á ellos en vestidos blancos;*
>
> *Los cuales también les dijeron: Varones Galileos, ¿qué estáis mirando al cielo? este mismo Jesús que ha sido tomado desde vosotros arriba en el cielo, así vendrá como le habéis visto ir al cielo.* (Hechos 1:9-11)

2.

PREPARACIÓN PARA LA MUERTE

Y ahora que vuestro espíritu dice, "Habeis madurado". Dejad que el invierno de vuestros años ponga el manto de recuerdos sobre vos. Ahora os parais entre la vida y la muerte; y vuestra alma es la que escoge el camino. No mireis hacia atrás con pesar, ni veais hacia el frente con temor. Aprende de lo que habeis deseado; y mira hacia atrás lo que habeis hecho con caridad, con sabiduría. Dejad que la época del deterioro os recuerde que la hoja que cae alimentará al capullo que viene en la primavera. Dad la bienvenida a lo que se os dice del morir, y de la vida que ha de venir.

En la vida de cada persona, hay cuatro etapas de ajuste a la muerte: (1) el tiempo desconcertante en que el niño aprende que hay un fin a la vida; (2) cuando uno sufre duelo después de perder por muerte a un ser cercano; (3) cuando una persona se enfrenta a enfermedades o crisis que pueden ser la causa de su propia muerte; y (4) la etapa del pre-purgatorio, o preparación para la muerte, que comienza en el año 63.

Un niño se prepara a comprender el significado de la muerte en el momento que su primer mascota se le muere. Los niños, siendo tan cercanos al cielo hasta el séptimo año, necesitan solo un pequeño recordatorio para reasegurarlos de las mayores verdades en la muerte y vida. Si un niño tiene la gracia de tener padres amorosos y respetuosos, la explicación sobre la muerte será absorbida dentro de sus emociones y pensamientos ingenuos. Aunque en duelo por la pérdida de su amada mascota, él aceptará la muerte como parte de la vida y del cambio. Si uno de los padres, por su propia falta de entender la muerte, hiere al niño en este tiempo al negarse a hablar sobre el significado de la muerte en su sentido apropiado, la muerte se convierte en una cosa impresionante y temerosa para el niño; este sentimiento persiste por el resto de su vida. Así, el padre ha plantado las primeras semillas de inseguridad relacionado con el afecto del niño por lugares, objetos, y personas en su vida.

Cada vez que uno está en duelo por los que están muriendo o los muertos, esta persona está más preparada para su propia muerte. La pena sufrida cuando las guerras traen muerte y desolación le recuerdan al hombre que la muerte tiene muchas caras. Estas penas preparan a aquellos que filosóficamente están inclinados a entender lo inevitable de la muerte, y confirmar sus creencias que el morir y vivir son la siembra y cosecha de una Mano Poderosa que dirige el destino de todos los hombres.

Las personas que sufren de enfermedades persistentes están siempre cercanas a sus Ángeles de la Muerte. Cada enfermedad seria es una preparación para la muerte. Las enfermedades aflojan la rigidez de la personalidad, y prepara al hombre a aceptar la muerte con naturalidad y paz.

Para aquellos que llegan a una edad de madurez, la muerte es como una campana que empieza a tocar a sus 63 años. Con los años siguientes, el sonido aumenta cada vez más fuerte, cerrando los sonidos del mundo. Todas las personas que llega al año 63 empiezan a oír, más y más, el llamado del sonido que les llama a una mejor vida más allá de la vida del mundo.

Cuando uno se encuentra con la muerte antes de los 63 años, hay otras maneras en las que se prepara para hacer el ajuste a la muerte. Su Ángel Guardián le induce aprensión en un sexto sentido, preparándolo para la muerte. Por medio de ciertos símbolos en los sueños y en sus pensamientos más profundos, se prepara, internamente, para la llegada de la muerte.

En el año 63, empieza uno a recibir instrucciones de su Ángel de la Muerte. Uno entra en un estado de sueño único por la noche. Sueña de su ambiente durante su niñez y su relación de padres y abuelos. En sus sueños recapitula sus creencias infantiles y sus maravillas. Durante el día, se acerca más a quienes envejecen junto a él. Mientras uno se aproxima a la fase final de la madurez, y la preparación para la muerte, las amistades toman mucho más significado. Uno está conciente, ya que el tiempo se hace mas valioso, que cada cosa tiene un significado más profundo.

Cuando uno entra a la experiencia de preparación para el pre-purgatorio o de muerte con una filosofía bien proporcionada (recopilada de una vida ética en los años vividos con anterioridad), este periodo de vida puede ser la corona de la vida. Hay una poética, melancolía nostálgica que acompaña la preparación para la muerte. El que ha amado la vida, y que ha vivido la vida por el amor a la vida, se encontrara con la preparación a su muerte con dignidad, humor, sabiduría, belleza. Consejo de aquellos cercanos a su Ángel de la Muerte a menudo es previsor y profético. Para quienes escuchen, la sabiduría de una persona madura en años puede que sea una previsión dorada.

Cuando la muerte llega naturalmente, gentilmente, uno de edad avanzada puede unir sus pensamientos con sus Ángeles de Registro y, así, pasar a sus descendientes los eventos sobresalientes que experimento como herencia sanguínea. Recuerda los incidentes familiares del pasado, e imprime sobre las mentes de los jóvenes la importancia del tema ancestral. Mucho antes que el hombre aprendiese el arte de registrar las culturas históricas en el mundo, la memoria ancestral mantenía vivo los hechos trascendentales sanguíneos.

Después del año 63a, cuando uno desea viajar y conocer nuevos lugares, se libera de demandas mundanas y posesiones; se prepara para la generosidad del alma, o el conocimiento interno de que toda cosa pertenece a Dios. Tales personas se elevan con más libertad en los mundos superiores después de la muerte.

Hasta que una persona llega al año 63a, su conciencia es su acusador, báscula, y juez. Después del año 63a, cada persona tiene, hasta cierto grado, una afinidad con su alma, la que magnifica la conciencia, la memoria, y el motivo. Cuando uno piensa sobre la muerte como una condición natural, la introspección y retrospección bendita experimentada en los años posteriores, pone en los pensamientos y el corazón el entendimiento del propósito por el cual uno nació, y le prepara para el estado de muerte.

El estado pre-purgatorio es misericordiosamente dado por Dios para que uno pueda moderar las ofensas severas de los años posteriores, y, por lo tanto, suavizar el impacto del ajuste hacia la purificación del purgatorio después de la muerte. Así, al que se aproxima a la muerte se le ofrece una perspectiva de claridad poco usual, y una visión filosófica hacia las dimensiones más allá del auto interés y competición de los años físicos más vitales.

Muchas personas que cuidan de los ancianos o de aquellos que se están aproximando al estado de morir comentan sobre el hecho de que el que se está aproximando a la muerte vive en el pasado continuamente, hablando de hechos ya pasados años atrás como si fueran del presente. En tanto que se cree que esto es parte de una condición senil, esta es la forma en que Dios prepara al hombre para encontrarse con la más sombria, experiencia purgatoria después de la muerte.

La palabra "purgatoria", significa expurgar, no está de ninguna forma conectada con las palabras "infierno" o "castigo" como generalmente se cree. La experiencia purgatoria antes y después de la muerte es, en realidad, la ecuación de Dios para pesar el propósito y la intención dentro las obras de la persona—tal han sido motivados por su corazón, su voluntad, y su mente.

Aquellos quienes han logrado una madurez equilibrada, habiendo combinado sus sentidos con las temporadas durante la vida—o sea, habiendo vivido cada porción de la vida en el momento preciso—intuye la verdadera naturaleza de la muerte, y están muy contentos de pasar sus últimos años y días en un estado semi-contemplativo y receptivo. Estas personas maduras son una inspiración para los jóvenes, y le ponen levadura al significado de la vida; porque algo valiente y fortificante emana de su sana aceptación de la muerte.

Las personas que han resistido la vida—rehusando aceptar los cambios ordinarios aun en los eventos mas comunes, y esperando que las personas íntimas en sus vidas sigan siendo las mismas—consideran la muerte como el enemigo. Dejan de escuchar lo que los Ángeles de la Muerte les dirían. Los años después al año 63a son años de temor interno, sufrimiento, y miedo para uno que fracasó en escuchar internamente a los repetidos signos que le recordaban de la transición inevitable en la vida.

Aquellos quienes sufren la acidez del egoísmo en sus años anteriores se vuelven seniles en sus últimos años. Según envejecen se convierten en un detrimento y un terror en el ambiente familiar. Aquel que tiene una vejez amarga y pesarosa, se aferra en lugar de guardar las seguridades físicas en el mundo. Si uno ha vivido una vida de egoísmo y posesiva, es mas probable que se obsesione con las posesiones físicas, tales como muebles y reliquias.

En todos los hombres hay una necesidad de expurgar sus errores y aliviar sus conciencias. Una persona, en ciertas capas de su ser, puede encerrar su conciencia, pero no importa que tan cruel sea, nunca queda del todo libre de su conciencia. En la antigüedad, para aliviar sus conciencias, el hombre buscaba el consejo medi-ador de los ancianos de sus tribus. Conforme el hombre progresóa través de los siglos, buscaba las bendiciones de los profetas de sus tiempos, por medio de cuales podían quedar absueltos de sus malos actos. En el siglo que ahora termina, algunas personas tratan de limpiar sus con-ciencias confesándose ante sacerdotes; aquellos inclinados a lo científico llevan sus conciencias a los psiquiatras.

Cuando los hombres llegan a entender la acción del alma en sus vidas, aprenden que la pura y verdadera confesión es la oración a Dios; y que la oración sagrada y reverente es la manera mas gratificante de la que uno puede aliviar su conciencia. La oración es una confesión, una petición, un acto de fe, y la rendición de volun-tad a la Voluntad de Dios—el Dador de la vida.

La muerte es más difícil para aquellos quienes no han orado en toda su vida. Por la práctica continua de la oración, uno se prepara para la muerte y para la vida después de la muerte. Cuando uno ora con el corazón contrito toda la vida, eso disminuye su acción purgatoria después de la muerte. Sus oraciones se convierten en la escalera sobre la que asciende al cielo.

3.

EL ALMA Y LA MÚSICA DEL CIELO

La muerte es una vida entre las existencias. Cada vez que uno entra en el estado de muerte, se mueve mas allá del horizonte del estado físico hacia el estado de la conciencia y estado conciente magnificado por el alma. Conforme cada uno cruza el horizonte de la muerte hacia la vida después de la muerte, el alma le dice a este: "¿Y que es lo que ahora vos traes, O viajero? ¿Que has hecho vos? ¿Y que es lo que traes vos del mundo físico? Separemos los tesoros de las menudencias. Y vamos a entrar en un estado de alegría por el bien hecho. Y vamos a tirar las menudencias que habeis juntado por el camino".

Los poetas, desde principio de los tiempos, han sabido de una música interna que existe en el mundo. Los bosques, los ríos, los arroyos, las aves, y el sol han cantado sus canciones al oído interno del poeta. Cuando uno muere, el oído interno se abre en un grado mayor o menor. La música de la Regla y Ley de Dios es oída por los desobedientes. La música de los ángeles es colocada, generosamente y abundantemente, en el oído de los buenos. Y la música de la majestuosidad de Dios cae sobre el oído de los fieles con un fervor de paz , unción y sanación.

La música es usada por el alma para asistirle en las varias etapas y pasos representados en la muerte. La música es la coordinadora del fondo durante la transición—esto es, mientras uno se libera del cuerpo físico y el nacer a los mundos internos. Todos los que mueren son acompañados por los ángeles y por alguna forma de música; ya que la música alivia las últimas tensiones de los muertos.

Al primer momento de la muerte, el Ángel de Registro se acerca al que muere y pone sobre este corrientes de luz. La luz es recibida por el que muere como sonido, música, o tono. Si el muerto ha vivido una vida de maldad, recibe la luz como un sonido discordante y sombrío. Este sonido es usado para arrancarlo del mundo. Si uno ha vivido una vida de bondad y misericordia, este recibe inmediatamente una relación a los coros angélicos; la música calma su temor a la muerte.

Para los puros de corazón, alegría, rapsodia, y éxtasis son parte de la experiencia de la muerte. Si uno ha vivido una vida pura mas allá del reproche de su Ángel Guardián, este recibe la luz angelical como Tono proviniente de los mundos superiores; y experimenta exaltamiento espiritual. Los ángeles lo levantan más allá de los portales de la muerte, y el Amor de Dios se abre para este.

Cuando ha habido una relación cercana y tierna entre el muerto y el que duele por él en el mundo físico, la música del cielo es a menudo escuchada en los primeros tres días después de la muerte por el doliente. Esta música, cuando es escuchada por los vivos, les quita los dolores más pesados de la tristeza, y graba permanentemente en los pensamientos de los vivos la sabiduría de la muerte y el conocimiento de la vida eterna.

EL CORDÓN DE PLATA

Hay tres cordones o hilos de la vida: el cordón umbilical, el cordón de plata, y el cordón arquetípico. El cordón umbilical sostiene la vida del embrión durante el periodo de gestación y antes de nacer. El cordón de plata o el cordón del alma permite al hombre liberar su cuerpo eterno de su cuerpo físico en la noche durante el sueño, y es también el medio por el cual sale del cuerpo físico durante la muerte. El cordón arquetípico o cordón espiritual determina como uno le responde al Espíritu, y trabaja con el alma para determinar lo que va a durar la vida.

El cordón de plata, que consiste de una sustancia parecida a un velo magnético y etérico, tiene cinco puntos de antena. Estos puntos están correlacionados al bazo, el hígado, el corazón, la garganta y la corona de la cabeza. El estado de animo con el que uno se acerca a la muerte comienza en el hombre al relajarse el cordón de plata. Durante los primeros tres días después de la muerte, el cordón de plata se afloja y se retira de sus cinco puntos de antena.

> *Antes que la cadena de plata se quiebre . . . .Y el polvo se torne á la tierra, como era, y el espíritu se vuelva á Dios que lo dió.* (Eclesiastés 12:6,7)

El cordón arquetípico o hilo es el vínculo que conecta entre el Espíritu y el alma. Este cordón tiene una consistencia celestial y vitalidad llamada *hum*. El hum del cordón arquetípico sostiene la identidad verdadera de su auto-espiritualidad. Cuando el hum del cordón arquetípico disminuye, el cordón de plata afloja su agarre parecido a una malla sobre el bazo, y afloja su agarre al hígado; y los zarcillos del cordón de plata, los caules mantienen la llama de la vida dentro del corazón, se relajan. Al disminuirse el hum arquetípico el cuerpo físico empieza a desintegrarse, y la persona, sin importar su edad, entra en un estado de muerte.

El registro de las vidas pasadas del alma y el registro de sus actos en su vida presente determinan la duración de la vida y el momento de la muerte. El cordón arquetípico, trabajando con el registro del alma, retira su hum cuando el propósito de la vida de uno se ha completado. Sea que uno muera como bebé o en plena madurez, este ha llenado la ecuación de Dios de alguna manera. Aunque la promesa de la expresión de uno puede parecer incompleta, la persona ha contestado y respondido a las exigencias del registro del alma.

> *Para todas las cosas hay sazón, y todo lo que se quiere debajo del cielo, tiene su tiempo: Tiempo de nacer, y tiempo de morir . . . (Eclesiastés 3:1,2)*

Durante tres días después de morir, existe aun actividad entre el alma y el cuerpo. Esta actividad es de máxima importancia para el Espíritu del hombre. Incluso como el Señor Jesús requirió de tres días en la tumba para ensamblar Su cuerpo eterno, al igual cada persona que ha muerto requiere un intermedio de tres días de reposo y retrospección.

> *Y comenzó á enseñarles, que convenía que el Hijo del hombre padeciese mucho, y ser reprobado de los ancianos, y de los príncipes de los sacerdotes, y de los*

escribas, y ser muerto, y resucitar después de tres días. (San Marcos 8:31)

El intermedio de tres días después de la muerte se le llama purgatorio-interino. Estos tres días son un intermedio corto según el tiempo del mundo; sin embargo, a través del poder de magnificación del alma, uno vuelve a vivir todo evento que ocurrió durante la vida que acaba de dejar.

En las primeras 24 horas después de la muerte, el cordón de plata o el cordón del alma es retirado del bazo. Con ayuda del alma y del Ángel de Registro, el que ha muerto revive sus recuerdos ancestrales. Este vuelve a vivir en sus sentimientos y pensamientos sus actitudes hacia antiguos parentescos y lazos ancestrales. Si uno ha tenido una vida tormentosa de agresión y por fuerza, entonces el sonido que escucha durante las primeras 24 horas del purgatorio-interino es disonante y opresivo. De este sonido se reproducen imágenes de sus relaciones con los antepasados y parientes. El alma le da magnificación a los sentidos por medio de cuales vuelve a vivir sus actos de procreación e imágenes sexuales; este discierne el si ha usado sus sentidos en una manera lascivia o reverente.

En las primeras 24 horas después de la muerte, la Naturaleza prepara el cuerpo físico o terrestre para ser recibido nuevamente en el seno de la tierra. Aquellos que mueren con voluntad intranquila, descontentos, y con deseos sensuales no consumados, deben lidiar con la Naturaleza; porque no están dispuestos a entregar a la Naturaleza el cuerpo físico—el cuerpo que tanto amaron durante su vida en el mundo. La Naturaleza, que ha alimentado, nutrido, y ha dado sustento físico al cuerpo físico, se pone en contra de aquellos que han llevado una vida de glotoneria y sensualidad; y, en las primeras 24 horas después de la muerte, las personas sensuales son sometidas a las furias de la Naturaleza. Sus sentidos y su imaginacion experimentan los aspectos tumultuosos y más violentos de la Naturaleza. La Naturaleza crea un holocausto de ruido. Los sonidos disonantes y opresivos que suenan en sus sentidos les da la impresión de que están atrapados en tormentas, cataclismos, huracanes, y grandes vientos.

Las personas que han vivido cerca del corazón de la Naturaleza, y la han amado por sus frutos, lo bueno, su calor, y su belleza, voluntariamente renuncian a su cuerpo físico y lo ceden a la Naturaleza con amor. En el primer día después de la muerte, tales personas hacen un convenio con la Naturaleza para el próximo nacimiento. En la siguiente vida en la tierra, se encuentran en ambientes bellos de la Naturaleza, donde se les dota con su protección, bendiciones, y misericordia.

En el segundo día, o el segundo periodo de 24 horas después de la muerte, el cordón de plata se retira del hígado. El tono, música o sonidos que tocan sobre el que ha muerto se absorbe en un tema de fondo, que remueve las emociones y pensamientos, y produce un caracter de profunda reflexión interna. El alma permite al que ha muerto magnificar sus emociones y deseos de antes. Sus resentimientos, deseos, y esperanzas son aumentados e impresos en sus pensamientos. Y se le da la oportunidad de pesar y juzgar sus motivos. Si uno se ha amado a sí mismo en vez de a los demás, sufre una forma de lástima de sí mismo. Si ha utilizado su voluntad en forma destructiva en la vida que acaba de vivir, sufre profunda pesadumbre por el malgasto de tiempo y de su voluntad. Si uno ha vivido una vida ordenada y buena, sus sentimientos y pensamientos se desbordan de gratitud por la bondad y misericordia del mundo. Si uno ha vivido una vida pura y espiritual, su amor aumenta y penetra los corazones y los pensamientos de sus seres íntimos que ha dejado en el mundo. Su amor riega sobre ellos en forma tangible y le asegura de nuevo de su ser eterno; ya que, en este intervalo de las segundas 24 horas, aquel que está espiritualmente evolucionado confirma todo lo que ha creído y conocido acerca del mundo inmortal.

En el tercer intervalo de las 24 horas después de la muerte, el cordón de plata es retirado de los puntos de antena dentro del corazón, la garganta, y la corona de la cabeza. En este periodo, el átomo sagrado del corazón, que sobrevive a la muerte, se une a las pulsaciones del alma; así, el cuerpo eterno o espiritual es acelerado y preparado para la experiencia en la vida después de la muerte.

Hay cuerpo animal, y hay cuerpo espiritual. (1 Corintios 15:44)

Durante las últimas 24 horas de purgatorio interino, las obras hechas con amor en la vida de la persona se pesan en la báscula del corazón. Si uno ha vivido con vitalidad, esperanza, y con amor, las imágenes amorosas y anhelos de amor también ascienden cuando el cordón de plata es retirado del corazón. Al muerto se le permite ver que el amor es la fuerza más grandiosa del mundo. En este intervalo, este es sumergido verderamente dentro de un mar de amor. Sus angustias y dolor pasado son aliviados por el bálsamo del amor que se derrama sobre él. Cuando uno no tiene amor de sí mismo por dentro, uno no puede responder al amor del cielo; por lo tanto, uno no puede ser apoyado ni envuelto por el poder del amor.

En la vida, o en la muerte, los hombres recuerdan solo lo que experimentan concientemente. La capacidad para amar determina el grado del concienciente de uno durante el tercer día del purgatorio-interino. Si uno ha encerrado su conciencia durante la vida, y ha vivido solo para sí mismo, este es incapaz de soportar las últimas 24 horas del purgatorio-interino con consientemente. Es el plan misericordioso de Dios que las personas de corazón duro y mentes ateas se hundan en un sueño congelado y permanezcan inmovilizado durante el tercer día del purgatorio-interino; ya que la revisión de sus creencias erróneas y sus acciones fuera de lugar son demasiado dolorosas para ellos soportar.

El sonido que el alma envía no es escuchado por quien experimenta el sueño congelado o sueño misericordioso. Sin embargo, se le baña en un poderoso crescendo de sonido. El sonido lo rinde inconciente, y sus últimas 24 horas en el purgatorio-interino las pasa en un vacío, parecido a la amnesia. Los que pasan por el sueño congelado durante el tercer día de purgatorio-interino fallan, en las vidas por venir, de recordar o intuir la vida después de la muerte; y no tendrán comunión con el significado-amor de Dios. Tales personas nacen al mundo en su próxima vida con la creencia de que solamente se pueden confiar de los sentidos y de lo que se puede obtener en el mundo físico. Ellos creen que el mundo físico es el único mundo, y se hacen devotos unicamente de las cosas materiales.

Cuando uno es incapaz de dar la cara a su conciencia después de la muerte, y es ateo o no creyente, la experiencia de las últimas 24 horas del purgatorio-interino es incomprensible y se cierne hacia abajo dentro de la memoria del subconsciente, la cual es el péndulo inferior del alma. Durante las vidas que aun quedan por vivir, los reproches de la conciencia se volverán a despertar.

Todo el quien no es capaz de estar totalmente conciente durante el tercer día del purgatorio-interino, experimenta uno de cuatro diferentes clases de sueño: (1) el sueño congelado o sueño misericordioso; (2) el sueño parecido a un coma; (3) dormir como en un sueño; y (4) el sueño de bienaventuranza. Si uno falla, en las últimas 24 horas del purgatorio-interino, de grabar las acciones de su corazón y se niega a aceptar lo que le dice su conciencia, se hunde en un sueño congelado. El que no cree en la vida después de la muerte entra en un sueño parecido a un coma. El que cree que Dios no es mas que Causa o Ley experimenta el último día del purgatorio-interino dormido como en un sueño.

Si uno ha creído que los hombres viven muchas vidas, pero uno no ha hecho uso de los atributos espirituales de esta creencia mientras está en la tierra, este no es capaz de razonar la clase de impacto que el cielo ejerce sobre él durante el periodo de retención de memoria en sus ultimas 24 horas del purgatorio-interino. Este duerme como en un sueño, y pasa por el día final de purgatorio-interino como una inferencia en forma de sombra en los niveles subconscientes del pensamiento.

Las personas que han obedecido las leyes morales, pero no han sido personas emprendedoras de lo bueno, experimentan el último día de purgatorio-interino como en un sueño al dormir. Durante las últimas 24 horas del purgatorio-interino, se unen con la gracia ganada por medio de su obediencia y por su reconocimiento de las leyes protectoras del bien. En la próxima vida en la tierra, tales personas contribuirán al bien del mundo.

La persona innatamente buena, quien ha inspirado a otros a hacer el bien, experimenta en el tercer día del purgatorio-interino el sueño de bienaventuranza. El sueño de bienaventuranza es un éxtasis que es dado por el alma. Durante ese sueño, uno se une a las buenas obras de la reciénte vida. En su próxima vida en la tierra, este traerá al mundo un entendimiento reverente, asegurandole al hombre la bondad de Dios.

Todo el que duerme durante el tercer día de

purgatorio-interino no será capaz de recordar conscientemente en su próxima vida lo que le ocurrió a estos en la experiencia después de la muerte; así que, no serán capaces de recordar que el hombre vive después de la muerte. Esta es la razón por la cual tanta gente en el mundo no logran tener conocimiento absoluto de la vida después de la muerte, ni las muchas vidas.

En la próxima vida en el físico, aquellos quienes durmieron durante el tercer día del purgatorio-interino tendrán que depender de los mecanismos mentales y emocionales retenidos de otras vidas pasadas. Algunos se sentiran dudosos acerca de la vida eterna y de Dios; otros intuirán de que hay vida después de la muerte, pero sus recuerdos serán vagos sobre lo que uno pasa después de la muerte.

El último día del purgatorio-interino es conocido en los mundos superiores como el *día de retensión*. Las personas que están despiertas y conscientes del tercer día del purgatorio-interino tienen el poder de retensión, y regresan al mundo con recuerdos de la gloria y del destino inmortal del hombre. Mientras viven en la tierra, ellos piensan a través de lo poético, lo creativo, y los aspectos espirituales del alma; y existen como seres en vez de como personalidades.

Aquellos que creen en Dios, en la vida del mas allá, y en muchas vidas en la tierra, y quienes viven vidas en Dios y sacrificadas mientras están en la tierra, experimentan los tres intervalos de 24-horas del purgatorio-interino plenamente conscientes y alertas. Después de la muerte, tales personas se pueden comunicar con las fuerzas de mediación espiritual, las cuales laboran con ellos. En el último día del purgatorio-interino, se alinean a sí mismos con las obras puras de la vida pasada—obras que han cumplido sin pensar en recompensas. Durante estas horas, también son unidos al montaje de gracia pura de las vidas pasadas. Esta gracia le permite al Muerto Puro el que experimente la próxima fase del purgatorio—el intervalo de contrición de 90-días—de diferente manera de aquellos que durmieron los tres dias del purgatorio-interino.

Los Muertos Puros, los Santos Muertos, y los Muertos Elegidos adquieren volumen espiritual incrementado en sus obras después de morir; y durante los tres días siguientes después de la muerte tienen un poder muy especial para ungir. Un santo, en los tres días de introspección después de la muerte, se une con la gracia del mundo extraída de las obras puras y desinteresadas de la humanidad. La muerte de un Santo da al mundo externo una bendición divina, la cual se siente por miles de años.

Cuando los Elegidos, los Hombres Sagrados,

y los Salvadores del mundo mueren, en los tres días después de su muerte se convierten en catalizadores de luz para la tierra. Al no tener nada que superar después de la muerte, son comunicables a la fe de las masas, y se encuentran en armonía telepática con toda persona espiritual—la armonía acentuada por su victoria inmortal sobre la muerte.

> *He aquí, os digo un misterio: Todos ciertamente no dormiremos, mas todos seremos transformados, En un momento, en un abrir de ojo, á la final trompeta; porque será tocada la trompeta, y los muertos serán levantados sin corrupción, y nosotros seremos transformados. Porque es menester que esto corruptible sea vestido de incorrupción, y esto mortal sea vestido de inmortalidad. Y cuando esto corruptible fuere vestido de incorrupción, y esto mortal fuere vestido de inmortalidad, entonces se efectuará la palabra que está escrita: Sorbida es la muerte con victoria.* (1 Corintios 15:51-54)

4.

TELEPATÍA ENTRE LOS MUERTOS Y LOS VIVOS

Cuando las lágrimas lamentosas caen en el corazón como lluvia torrencial, y las nubes que oscurecen la luz del alma revelan la primera indicación del arco iris de esperanza, uno ha entrado al estado de contrición y al del renacimiento del alma. Las luchas del hombre son largas, difíciles. Este debe de aprender a combinar la obligación con el gozo, lo hermoso con lo útil. Este no debe cerrar su corazón, ni cegarse a sí mismo a la verdad escondida en cada cosa. Quien es falso a sí mismo se atormenta a sí mismo, pero el que busca la Luz como el camino mantendrá la vista hacia lo alto. Dará rapsodia a palabras aun no articuladas, y éxtasis al amor aun desconocido.

Hay pasos definidos de progresión y elevación en la vida del mas allá. Si uno responde al progreso rítmico ofrecido en la vida después de la muerte, su alma le permite experimentar una magnificación prolongada de su conciencia después del tercer día del purgatorio-interino.

En los mundos superiores, esta magnificación prolongada de la conciencia se le llama *el intervalo de contrición de 90-días*. Durante 90 días se le da la oportunidad al que muere de superar la auto-justificación, de buscar el perdón de los vivos por impuras obras irreflexivas y de enmendar las cicatrices de asociaciones pasadas por medio del arrepentimiento y la contrición.

Cuando uno está arrepentido en el intervalo de 90-días de contrición, los impedimentos de la visión mortal se retiran, y uno se pone de pie en la luz incorruptible de observación después de la muerte. Se ve a sí mismo como alguien que ha intentado, pero, en varias maneras ha rehusado vivir a plenitud lo que la vida le ha ofrecido.

La contrición no es un estado de tormento. La contrición es la unión de la conciencia con la visión del alma. La contrición es el deseo de hacer bueno lo malo que uno ha hecho; ya que nadie puede corregir lo malo que ha hecho mas que uno mismo. Tal como uno mismo cometió las malas acciones así tambien por sí solo tiene que realizar las buenas acciones.

Uno de los mayores temores que una persona tiene en el mundo físico es el que sus fallas queden públicamente expuestas, y de que se le pida cuentas de sus errores. Si la persona ha tenido conciencia durante su vida en el mundo físico, los secretos de su corazón se ponen al descubierto durante el intervalo de contrición de 90-días después de la muerte. Durante este periodo, este siente y piensa por medio de su conciencia. Todas las circunstancias, las actividades, y asociaciones intimas de la mas reciénte vida le son reflejadas como en un espejo. Su corazón se llena con un deseo ardiente de contrición y de rectificar sus obras y acciones erróneas. Se anhela el ser perdonado. Este ve el desperdicio de sus errores pasados, y se hace responsable por sus obras erróneas. La ampliación de su conciencia le hace sentirse que debe acercarse a quienes ha ofendido en el mundo físico, y recibir su perdón; es poseído por la idea de que solamente así puede proceder hacia la luz mayor que le espera en el estado del mas allá de la muerte.

En este periodo de sensibilidad después de la muerte, el alma le da a la persona arrepentida el poder de establecer una buena conexión telepática con las mentes de aquellos a quienes ha conocido en su reciente vida. Sus pensamientos son inducidos telepáticamente en los pensamientos de aquellos a quienes este ha amado o ha odiado mientras vivió en el mundo. El intervalo de 90-días de contrición le permite al que está arrepentido después de la muerte el rectificar acciones previas y a desapegarse permanentemente del reclamo sobre las personas que aun estan vivas en el mundo.

Los que duelen por los muertos puede que noten que por aproximadamente 90 días después de la muerte de un ser amado, sus pensamientos están continuamente sobre el que ha muerto. Hay escenas retrospectivas de recuerdos alegres y de lamentos aparentemente inalterables. El intervalo de 90-días de contrición es una bendición de Dios tanto para los muertos como para los vivos; ya que, en este intercambio de pensamientos, entre el muerto y el vivo, sucesos pasados dolorosos son perdonados, mucho se entiende—y es más, algo de gracia es extraído entre los muertos y los vivos. Un bálsamo apaciguador y confortante se derrama dentro de las mentes de aquellos en duelo, y la persona que ha muerto está libre para elevarse hasta la próxima esfera de acción.

> *Visto he sus caminos, y le sanaré, y le pastorearé, y daréle consolaciones, á él y á sus enlutados. (Isaías 57:18)*

Los ángeles y los Hombres en Vestimentas Blancas trabajan para educar a aquellos en duelo en el mundo, y que puedan entender y tomen parte en la inducción telepática durante el intervalo de 90-días de contrición después de la muerte—el periodo en el cual los pensamientos de los muertos y los pensamientos de los vivos deben unirse para lograr la rectificación de lo que existe en el amor o en el odio.

Si el que ha muerto se siente completamente contrito por el mal que hizo, este no repetirá los mismos errores en la próxima vida. La contrición total le permite a la persona entrar en la próxima vida libre de sus errores pasados, y también se le permite después de la muerte llegar a ser uno de los muertos ascendidos.

Cuando una persona solo se lamenta o siente remordimiento después de la muerte, y no se arrepiente completamente, se hace uno de los muertos no ascendidos; en las vidas futuras, este debe hacer la retribución por las malas acciones y errores de la vida anterior. Si no le es posible, durante el intervalo de 90-días de contrición, poder recibir el perdón de cada persona a quien le hizo un mal en el mundo físico, se los encontrará en una vida futura y será necesario que rectifique sus errores bajo circunstancias similares. En alguna vida próxima, este atraerá ciertas disciplinas, por medio de las cuales podrá rectificar lo que ha dejado de reconocer y aceptar durante este intervalo de contrición de 90-días.

Si el que ha muerto no se arrepiente, y aun se siente justificado de sus malas acciones, se reproducirán sus enemistades y prejuicios en la siguiente vida. Si uno no se ha arrepentido durante el intervalo de 90-días, y se rehúsa a hacer una revisión de los resultados de sus previos actos corruptos y su derroche, este entrará al mundo en su próxima vida con inclinación a la sensualidad.

Cuando el muerto reconoce sus errores, y está dispuesto a recibir la instrucción de los Hombres en Vestimentas Blancas, se le es permitido construir dentro de su conciencia y sus pensamientos una agudeza de las facultades-del-alma interiores, para que en la siguiente vida en la tierra, tenga una relación más cercana con su alma que la que tuvo en su reciénte vida.

Si uno cree en que hay muchas vidas, y tiene el corazón arrepentido, el intervalo de 90-días de contrición será una experiencia única de razonamiento; ya que su alma le abre los registros de sus vidas anteriores. Uno revisa sus vidas anteriores y los motivos de sus vidas anteriores. Su alma le permite correlacionar las vidas anteriores con a su vida recién pasada. Llega a entender las relaciones de su vida anterior y su lugar. Puede ver por qué ciertas personas estuvieron en su vida, y también puede ver por qué ciertos obstáculos se le presentaron cuando estaba vivo en el mundo.

Si una persona estando viva en el mundo añora la muerte para poder reunirse con quien él haya amado posesivamente—y sus pensamientos están más con el que ha muerto que con los vivos—la persona posesiva, durante el intervalo de los 90-días de contrición después de la muerte, no es capaz de comunicarse telepáticamente con los vivos; ya que, en el estado después de la muerte, sus pensamientos están todavía con los que han muerto en vez de con los vivos.

Una persona que siente contritión después de la muerte sufre intensamente cuando sus pensamientos de contrición no pueden penetrar los pensamientos de aquellos que aun vivos en el mundo. Durante el intervalo de 90-días de contrición, repetidamente le implora a los vivos que le perdonen, para que su mente esté en paz, y estar libre para responder a la instrucción de los Hombres en Vestimentas Blancas.

Cuando el ateo pierde a alguien íntimo por muerte, y deliberadamente cierra sus pensamientos de los pensamientos del que ha muerto, el que ha muerto, al estar mas sensible que el ateo, sufre una terrible angustia; porque el deseo de rectificar sus acciones pasadas resulta frustrado y derrotado.

El hombre, sin saberlo, tiene el poder de maldecir; esto es, el poder de *fijar* una idea de odio. Si alguien vivo en el mundo continúa su odio por el que ha muerto, esto condena al vivo y al que ha muerto a una dolorosa asociación entre sí en una futura vida en la tierra.

Cuando Jesús estuvo en la agonía de la muerte y dijo, *"Padre, perdónalos, porque no saben lo que hacen" (San Lucas 23:34)*, le dió al hombre el ejemplo de bendecir en vez de maldecir. Este perdón exaltado liberó a Jesús del último paso para superar o liberarse del mundo físico. Así que, tiene que haber perdón entre los muertos y los vivos.

El dicho conocido, "Habla bien de los muertos" está conectado al intervalo de 90-días de contrición. Los pensamientos de los vivos que condenan, interfieren con la experiencia del mas allá de la muerte, e interfieren con la labor y la ayuda de los Hombres en Vestimentas Blancas. Cuando los hombres clasifican el alma de no ser digna de alcanzar la redención, esto es una forma de maldecir.

Los vivos, por medio de sus oraciones y el perdón, se liberan de los muertos y asisten a los muertos a ascender. Las oraciones para las almas de aquellos que mueren en pecado mortal, sin arrepentirse, son una necesidad prudente e inteligente. La misericordia por aquellos que han cometido un error, la compasión por quienes han derrochado sus vidas voluntariosamente, y el perdón por aquellos que han pecado ayuda a los muertos que han cometido errores, a que se acerquen a la misericordia de Dios. Cuando los hombres oran por las almas desoladas, sus oraciones se convierten en un suplemento a las obras del cielo.

Guardar pensamientos amargos en contra de los muertos es el involucrarse a sí mismo en las preocupaciones telepáticas de los muertos. Si los vivos retienen resentimiento en contra de los muertos, se hacen receptivos a un magnetismo impuro que exuda de los pensamientos llenos de reproche y lamento de los muertos. Tales personas a menudo tienen sueños agotadores de los muertos, y se despiertan por la mañana sintiendo que algo no ha terminado, doloroso, y desagradable que perdura en sus emociones y en sus pensamientos.

Un niño o un joven, que muere antes de llegar a la edad de conciencia moral, pasa por el intervalo de 90-días de contrición de manera diferente. Si el niño ha sido de los ascendidos de la muerte antes de nacer, éste pasa su intervalo de 90-días de contrición con los ascendidos de la muerte; y, con la ayuda de sus ángeles, les da el consuelo para sanar a sus padres.

Un niño que ha sido uno de los muertos atados a la tierra antes de nacer, entra al mundo con tendencias a la rebeldia y a la delincuencia. Si el niño comienza a repetir la misma delincuencia en sus años de adolescente, y sufre la muerte por accidente, violencia, o enfermedad, la muerte no no puede expiar sus errores. Este experimenta el intervalo de 90-días de contrición después de la muerte en una manera más sensitiva de la vez anterior a esta vida cuando, después de la muerte, este se rehusó a arrepentirse por sus actos de delincuencia.

Cuando un adulto no ofende externamente el patrón de la sociedad, pero vive con espíritu de rebeldia en contra de la vida, este invariablemente atrae a personas que son homólogos negativos de sí mismo. El que sufre por alguien que es amoral, pervertido, o criminal que ha muerto casi siempre siente que la muerte ha resuelto el problema, y que es la respuesta final y conclusa a una situación dolorosa. Nada puede ser más lejos de la verdad. Mientras que la persona en el mundo se siente aliviada por la ausencia de la presencia física del que ha muerto, y de las distracciones no saludables causadas por tal asociación, el vínculo entre los vivos y los muertos es aun de mayor significado moral. El muerto amoral, al no tener conciencia con cual beneficiarse del intervalo de 90-días de contrición, se convierte en una carga aun más pesada en el pensamiento del vivo.

Una persona que vive, que se siente moralmente responsable por alguien amoral, pervertido, o criminal que haya muerto, tiene el poder de hacer el intervalo de 90-días de contrición más fácil para el difunto. Si hay comprensión, caridad, y perdón en el corazón de los vivos, el Ángel Guardián del descarriado o del muerto malvado rodeará y encerrará al muerto con barras de luz, así aislando de los vivos los pensamientos telepáticos del muerto malvado.

Durante la vida, el neurótico, el psicópata, y el loco no pueden controlar sus emociones ni pensamientos debido a una herida psíquica en el cordón de plata. Por haber abusado de la voluntad mental por periodo de muchas vidas, han producido un desequilibrio entre la voluntad, el alma, y el pensamiento. En la experiencia después de la muerte, estas personas confundidas son incapaces de coordinar las facultades-del-alma con sus pensamientos. Durante el intervalo de 90-días de contrición, se les impide el comunicarse telepáticamente con los vivos.

La progresión después de la muerte para los enfermos mentales es un escape de las pesadillas del malajuste. El neurótico, el psicópata, y el que sufre de trastornos mentales se hunde mas abajo del alcance de la mente subconsciente, para que el poder alucinante de la mente subconsciente no sea capaz de alcanzarlos. El aspecto misericordioso de Dios protege al mentalmente incompetente después de la muerte hasta el momento en que puedan responder, conscientemente, a lo que sus almas les diga.

La misericordia de Dios envía ayuda de las presencias celestiales para sanar las heridas de aquellos quienes se han hecho daño a sí mismos a través de la desobediencia y por el no saber. Después de la muerte, los mentalmente trastornados son envueltos en encierres de luz en forma de capullos, y sus ángeles personales velan por ellos y los envuelve en amor que los repare.

Algunas personas se creen que cierta forma de creatividad de arte pertenece solamente a ellas. Nadie crea por sí mismo en el mundo; los hombres que crean componen un montaje entero. Los muertos creativos y los vivos creativos cuando están a uno con la Voluntad de Dios, son inseparables. Aquellos que han hecho a un lado su cuerpo para habitar en los templos inmortales del cielo obran continuamente para inspirar a los vivos a imaginar, a moldear, a formar, y para darle vida-de-alma a lo que se le da forma bajo la mano.

Personas que son en parte genios y muy egoístas se encuentran que estan en las cavernas del glamour durante el intervalo de los 90-días de contrición. Los fragmentos de formas y figuras chocan contra sus pensamientos y sentimientos en forma caleidoscópica. Esas personas contemplan formas y diseños de naturaleza surrealista. Estas formas surrealistas son proyecciones de sus propias creaciones parcialmente formadas de la vida recientemente renunciada.

En el intervalo de 90-días de contrición, se le revela al egoísta que lo que había identificado como lo suyo propio era, en realidad, solo un fragmento del entero; y que nadie puede reclamar su arte o su genialidad como totalmente de sí mismo. Su experiencia en el intervalo de 90-días de contrición es de purgar, rebajar, y disminuir. Sus pensamientos decienden hacia la tierra en forma de confesión con cara de avergonzado hacia los que este ha conocido. Siente un deseo profundo de regresar al mundo, para que pueda expresar una verdadera libertad en la creación. Mira hacia atrás y ve sus reclamos egoístas como una forma de locura. Su reconocimiento de la ética en la creación le dará *carta blanca* en su próxima vida; y logrará más capacidad para adaptarse a su propósito, y más humildad en cuanto a su reclamo.

La luz del alma del poeta puro le permite entrar al reino extático y de rapto de los Ángeles Querubines durante el intervalo de los 90-días de contrición. Aprende del origen de la música. Aprende sobre el verdadero propósito en la frase poética. También observa el poder de la literatura y de la palabra escrita. Es exaltado con esta experiencia por qué ve la obra poderosa de la legión angelical que presta ayuda al fíat creativo dentro del alma del hombre.

Si el poeta se siente demasiado extático en el Reino de los Querubines, su deseo de permanecer es este estado, como de bienaventuranza, puede detenerle y afectar el rítmo de la progresión después de la muerte. Sus ángeles personales le cuidarán y le pastorearan para que suba hacia el mundo de los muertos ascendidos y que pueda comenzar su trabajo en el cielo, donde, como uno de los muertos ascendidos, pueda trabajar con los Iluminati. Los Iluminati, que son compañeros mano derecha de los Hombres en Vestimentas Blancas, han logrado la inmortalidad en la tierra. Su labor es de inspirar a los poetas, a los músicos, a los escritores, y artistas del mundo.

La absorción de 90-días de bienaventuranza del poeta es enviada telepáticamente a las almas puras y poéticas, que viven en la tierra. A menudo, las obras de arte, nuevos temas de música, e ideas originales para la escultura se inician de inmediato después que un poeta puro se retira de la tierra; debido a que la bienaventuranza de después de la muerte del poeta puro y su experiencia extática en el Reino de los Querubines acelera el deseo de crear dentro de los corazones de aquellos que viven en el mundo. Así, nuevas formas nacen cuando las antiguas formas mueren, lo que es prueba que la creación no tiene muerte, y que la vida es inmortal.

A las personas puras, quienes han sido victimas de la persecución, del perjuicio, la violencia y el odio se les da, después de la muerte, una aislamiento santo a prueba de los pensamientos malos de los vivos. Estas personas puras, al no tener errores que expiar, pasan el intervalo de 90-días de contrición en una sagrada confirmación de lo poderoso del cielo, de las presencias mayores del cielo, y de la realidad de el propósito inmortal para todos los hombres.

Los muertos puros y amorosos dejan a sus seres amados con *un toque de gracia.* En el intervalo de 90-días de contrición, los muertos buenos derraman sus pensamientos como una lluvia de oro sobre sus seres amados. Los muertos puros derraman bendiciones sobre los que están en el mundo y que compartieron con ellos la vida espiritual. Sus poderes ampliados también les permiten dar bendiciones de gracia a quienes ellos han conocido y que estan agobiados con pesadas cargas. Una bendición de gracia de el muerto puro tiene el poder de transformar la vida de el que la recibe, especialmente cuando ha habido amor entre el vivo y el que ha muerto.

Una persona que se acerca a la santidad experimenta sin interrupción el aumento de sus poderes espirituales durante su intervalo de 90-días de contrición después de la muerte. Este puede darle discernimiento a las mentes de quienes estan ciegos a las leyes eternas y al amor de Dios. También puede remover y encender la fe de los que intuyen la realidad del cielo.

Los Elegidos, los Santos, y los Salvadores, al no tener necesidad de arrepentirse por sus acciones en la tierra, permanecen en proximidad a la tierra durante su intervalo de 90-días de contrición. Dan sus bendiciones al mundo, asegurandole al hombre sobre la inmortalidad. Un aroma santo, que emana de su ascensión en la muerte, entra en los corazónes puros e ingenuos de aquellos llevan las cargas en el mundo.

5.

LOS MUERTOS NO ASCENDIDOS

La atmósfera en el mundo de la muerte tiene su latitud y longitud en relación con el alma. Entre más conoce el hombre sobre su alma, mejor será su experiencia después de la muerte. La muerte es un proceso natural, que no deriva de las conclusiones del hombre ni de su razonamiento. Pero se deriva de como son las cosas. Cuando la luz del alma funciona como luz, uno es de los muertos ascendidos. Cuando la luz del alma funciona como fuego, uno es de los muertos no ascendidos en un estado de purgar o de purgatorio.

El mundo del purgatorio es el mundo-del-subconsciente. Uno experimenta las etapas más pesadas del purgatorio con la parte subconsciente de la mente. El infierno durante el estado después de la muerte es la mente subconsciente desatada.

El purgatorio tiene un tema matemático de discordancia. Este tema matemático es para descomponer y destruir los antiguous patrones en los que el hombre ha existido. Solo el valiente y el puro puede pasar sobre el panorama del purgatorio.

Cuando se vive en el mundo físico, depende uno de sus sentidos para observar y experimentar. Uno experimenta el intervalo de 90-días de contrición después de la muerte con sus sentidos, su conciencia, y su alma. Según uno responde al intervalo de 90-días de contrición se determina si uno se hará de los muertos no ascendidos o de los muertos ascendidos. Cuando uno no se arrepiente, y no muere a sus emociones inferiores durante el intervalo de 90-días de contrición, se hace uno de los muertos no ascendidos. Se somete uno a un estado prolongado de purgatorio durante el cual sus sentidos, sus pensamientos, y sus emociones son experimentados por la mente subconsciente.

Los muertos atados a la tierra sólo se interesan por el mundo de los vivos. Sus sentidos, sus emociones, y pensamientos, que aun se extienden hacia la tierra, son incapaces de hacer registro del mundo de los muertos, ni de comprender el impacto que tiene sobre ellos. Los muertos no ascendidos, que no sean muertos atados a la tierra, están conscientes de las cavernas después de la muerte en el purgatorio. También están conscientes de que hay otros quienes son de los muertos no ascendidos. Para los muertos no ascendidos la experiencia del purgatorio se divide en cuatro actividades: (1) periodos de absorción en que uno responde al ambiente y a la instrucción; (2) periodos de alucinación en los que sus agresiones primitivas y escondidas se desatan; (3) periodos de anestesia inducidos por la música, que causan una forma de descanso estático; y (4) periodos de descanso profundo acompañados de sueños.

Hay una fuerza de gravedad, llamada *la gravedad-sutil,* que existe en las cuevas subterráneas donde habitan los muertos no ascendidos. La gravedad-sutil de las cuevas del purgatorio determina donde seran colocados los muertos que no han ascendido en el estado después-de-la-muerte. La gravedad-sutil se extiende y atrae a los muertos no ascendidos hacia las cuevas o cañones del purgatorio donde estos absorberán, observarán, y aprenderán lo que sus almas les enseñen.

Antes de la llegada de Jesús, todo los hombres—con excepción de los Profetas, los Santos, y los Elegidos—dormian a través de las varias etapas del purgatorio. Cuando Jesús fué resusitado, Él hizo posible que todos los hombres ascendieran a grados más altos de luz después de la muerte; Él hizo posible que todos los hombres imprimieran y grabaran la memoria del purgatorio en sus mentes subconscientes y sus conciencias. También le permitió a aquellos quienes tuvieran corazónes puros que se hicieran los muertos ascendidos.

Solo desde la llegada de Jesús ha tenido el hombre la oportunidad de experimentar una "segunda muerte". La segunda muerte es el morir a las emociones indisciplinadas, empañadas y sucias, y a la voluntad agresiva. La mayoría de los hombres en el mundo no logran evitar la segunda muerte. Toda persona, con excepción de los puros, los Santos, los Elegidos, y los Salvadores, son sometidos a la segunda muerte después de morir al mundo físico.

> *Bienaventurado y santo el que tiene parte en la primera resurrección; la segunda muerte no tiene potestad en éstos. . . (Apocalipsis 20:6)*

La "primera resurrección" son los tres primeros días después de la muerte. Cuando uno está completamente consciente durante los tres primeros días del purgatorio-interino después de la muerte, este "tiene parte en la primera resurrección". La segunda muerte se refiere al intervalo de los 90-días de contrición y a toda experiencia del purgatorio que le sigue. Algunas personas vencen la segunda muerte en el intervalo de los 90-días de contrición. Si uno tiene la gracia de vencer la segunda muerte, se hace uno de los muertos ascendidos. Otros deben permanecer en las cavernas del purgatorio de los muertos no ascendidos hasta que estén listos para regresar a la tierra. Cada vez que una persona muere, la lección que aprende en el purgatorio incrementa su capacidad para vencer la segunda muerte en las próximas experiencias de la muerte. Con el tiempo, todos los hombres, con la excepción de los depravados, tendrán el poder de vencer la segunda muerte.

El creer en Dios, en la vida eterna, y responder a la conciencia, después de la muerte, permite que uno venza la segunda muerte. Cuando uno cree en Dios, Su misericordia y Su justicia, este pasa por el intervalo de 90-días de contrición como si fuese una vivificación y renacimiento del alma. El cuerpo de sus emociones inferiores se separa y es consumido por un fuego procedente de la octava más baja de la luz de su alma.

Si uno está atado a la tierra, su cuerpo emocional inferior se convierte en un cascarón como-vapor que debido al peso lo hace bajar hacia la tierra. Los muertos no ascendidos, quienes no son atados a la tierra, son jalados hacia abajo por la fuerza de la gravedad-sutil y llevados hasta dentro de las cavernas del purgatorio, las cuales purgan, limpian, pesan, y ajustan. Las cavernas-de-la-gravedad del infierno sutil aumentan, reflejan, y reproducen lo que uno ha sentido y creído en el mundo físico.

La muerte no es una magia, que hace a las personas instantáneamente buenas o puras.

Las emociones y la mentalidad son las mismas después de la muerte tal como fueron en el mundo físico. Si uno ha sido ateo en sus emociones y sus pensamientos, aun sigue siendo ateo después de la muerte; por lo tanto, le es imposible sentirse contrito después de la muerte. Sus faltas de creencia constantes lo han inmunizado a su conciencia. Después de la muerte, su conciencia se paraliza, y el intervalo de 90-días de contrición se borra de su consciente.

El ateísmo es algo que uno ha nutrido durante el periodo de muchas vidas. El ateísmo es el resultado de un corazón negligente y egoísta. El ateo ha permanecido ciego a su alma, e inconsciente de las cosas espirituales en el mundo; después de la muerte, también está ciego a las presencias que lo acompañan en el cielo. Durante el intervalo de 90-días de contrición, el ateo no logra orientarse hacia las ayudas edificantes del cielo. Debido a su odio a las cosas del espíritu, al despertar después de la muerte se encuentra a sí mismo en compañía de aquellos que también son ateos. Los ateos y sus compañeros existen con la idea falsa de que aun viven en el mundo físico. Se pasan el tiempo actuando nuevamente el uno con el otro sus dramas sardónicos y materialistas.

El ateo pasa su experiencia del purgatorio vagando en desolación. Mudándose de cueva en cueva en el infierno sutil. Esta etapa de vagar puede continuar por tiempo interminable, hasta que gradualmente el ateo se da cuenta de que ha muerto, y que la muerte para el no es mas que un aumento de sus pensamientos y sentimientos corruptos. Al descubrir que hay vida después de la muerte, el ateo recuerda lo que se le había dicho acerca de la vida eterna cuando vivía en la tierra. A su mente acude la horrorosa idea de que deberá pasar un tiempo interminable en las cavernas llenas de sombras. Este teme que tendrá que permanecer en las cavernas oscuras por siempre.

> *El hombre que se extravía del camino de la sabiduría, Vendrá á parar en la compañía de los muertos. (Proverbios 21:16)*

El periodo de tiempo que uno pasa en el infierno sutil se determina por la creencia, el concepto, y el entendimiento acerca de Dios. Por que el ateo no ha creido en Dios, ni en la vida después de la muerte, este es rezagado en la vida del mas allá. El rezagado permanece en las cavernas del infierno sutil por largos periodos de tiempo. Para las mentes de aquellos que han sido encerrados en estas cavernas, el tiempo les parece ser prolongado y sin fin. Así que, el ateo se siente ser un autómata espectral, atrapado en las cavernas del crepúsculo del infierno sutil.

Cuando el ateo se da cuenta de que él ha sido su propio enemigo, y alcanza un estado de desesperación total, comienza a responder por vez primera a su alma y a las ayudas edificantes de los muertos ascendidos y de los Hombres en Vestimentas Blancas. De inmediato recibe la ayuda del Preceptor de los Muertos Ascendidos, quien él mismo ha sido ateo en alguna vida previa. A partir de este periodo, el ateo se pone a observar en vez de participar en las cavernas del infierno sutil. El Preceptor de los Muertos Ascendidos, habiendo experimentado el ateismo en vidas previas, está mas capacitado para dar instrucción y ayuda a la mente atea. Esta instrucción con amor relaja y cambia el ímpetu de la experiencia purgatoria del ateo.

Si las ideas y sentimientos del ateo permanecen infectadas con incredulidad y duda, y si no responde a las ayudas edificantes en la vida después de la muerte, no logra reencarnar con la misma frecuencia de alguien quien cree en Dios y en la vida mas allá de la muerte. Es el Plan de Dios de que no haya ni repetición ni monotonía en la tierra ni en el cielo. Con el tiempo, el ateo nacerá nuevamente, y se le ofrecerá la oportunidad de hallar el significado de la vida.

Aquellos que viven en el mundo y sufren por una persona atea que ha muerto, padecen una angustia sin apaciguo, ya que el ateo no puede penetrar en sus pensamientos con las certezas-de-amor de que existe la vida mas allá de la muerte. Los vivos absorben telepáticamente algo de la desolación en la experiencia de la caverna. La telepatía de la desolación se derrama en las mentes y en los pensamientos de quienes conocieron y amaron al ateo. Para los vivos, la telepatía de la desolación continua por aproximadamente 90 días después de la muerte del ateo. Subsecuentemente, el lazo telepático entre el vivo y el difunto ateo queda sellada—excepto por una breve comunicación telepática que ocurre en las mentes y los sueños de los vivos cuando el que ha muerto siente una leve inspiración para subir hacia la Luz.

Durante el intervalo de los 90-días de contrición, el que ha vivido con intención una vida de hipocresía—dando la apariencia externa de ser moral, pero que ha tenido el corazón lujurioso e intrigante—es jalado hacia abajo adentro de las cavernas de espejos del purgatorio. El corazón y la mente del hipócrita se depositan abiertos en las cavernas de espejos del purgatorio, donde ve y se reflejan sus obras intrigantes y sus acciones fingidas. Si siente repugnancia por lo que ve, pasa el resto del intervalo de contrición sintiendo remordimiento por estar su ser dividido; hace una alianza con su alma para iniciar pagos de retribución por sus antiguas hipocresías. En este periodo, por medio de la ayuda e instrucción de los Hombres con Vestimentas Blancas, a este se le permite que haga cierta gestion para la rectificación de sus hipocresías pasadas y sus engaños.

Si siente remordimiento, el hipócrita puede alcanzar telepáticamente a aquellos en el mundo contra quienes ha formado intrigas y les ha causado un mal. Las personas que viven en el mundo físico, quienes han sido dupas o victimas, a menudo se maravillan al ver algunos de los enredos imposibles que han sido instigados por el hipócrita desenmarañarse, como por una mano invisible. Las vidas de las victimas, habiendo sido restringidas y manipuladas por el hipócrita, empiezan a expresar cierto patrón de orden y justicia. Así, el arrepentimiento y el remordimiento, si el hipócrita los siente en la vida después de la muerte, les trae restitución a los vivos.

Aunque el hipócrita arrepentido esté poseído por el deseo intenso de ser comprendido y perdonado, algo dentro de él le dice que solo el tiempo enderezará los senderos torcidos por donde el haya caminado, y que la rectificación de sus actos divididos requerirá muchas vidas futuras de esfuerzo y de ética.

El Apóstol Pablo dijo, *"El amor del dinero es la raíz de todos los males" (1 Timoteo 6:10).* Cuando uno muere al mundo físico, y muere no a la mezquindad, la acritud, la avaricia, y la avidez, se encuentra en las cavernas del purgatorio de la empobrecimiento. Los Hombres de Vestimentas Blancas se esfeurzan para enseñarle al mezquino de corazón las leyes de la ecuanimidad universal y de la ecuación. En estas cavernas de empobrecimiento, al mezquino se le enseña que la Naturaleza no acapara nada, que su entrega es esplendida, abundante, y el que acapara se cierra a sí mismo del tiempo rítmico o las temporadas dentro de la ley de la oferta.

El avaro, después de su muerte, cuando se enfrenta a su vida venidera en la que debe conocer la carencia y también debe experimentar golpes duros, se siente renuente a tomar el nacimiento venidero. Después de la muerte, mucho dormir o reposar es experimentado por la persona de corazón mezquino.

Cuando uno ha sido un verdadero mezquino, negándose a sí mismo las primeras y decentes necesidades de la vida, tales como la ropa, alimentos, y calor, este ha ofendido la ley de el dar y el recibir. Habiendo estado obsesionado con el recibir en vez de el dar, se ha cerrado a sí mismo de su alma. En sus vidas futuras, el será el que da, y otros tomaran de él hasta que sean saldadas sus ofensas en contra de las leyes de la justicia y de la ecuación.

El mezquino, que se niega a renunciar a sus posesiones terrenales después de su muerte, se hace uno de los muertos atados a la tierra. El mezquino atado a la tierra no puede rectificar en el purgatorio, debido a su amor por las posesiones terrenales, ha de rondar por el medio ambiente de sus posesiones y su tesoro escondido. Algunas personas creen que cuando ven a un fantasma, el que ha muerto está protegiendo un secreto atesorado o guardado. Esto no es superstición; es la realidad—ya que el mezquino no se puede despegar de lo único que amó y para todo lo que vivió en la recien pasada vida.

Toda avaricia no se refiere al dinero. Aquellos quienes se acaparan a sí mismos, que se retiran de las demandas del amor, también son mezquinos. Después de su muerte, deben de repasar su mezquindad en las cavernas del empobrecimiento. Al verse no amados, como lo han de estar en alguna futura vida, les produce una angustia con lástima. Hasta que los renuentes a dar graben en su alma el deseo de dar más, de amar más, han de dormir, entonces, una fuerte ola de reencarnación los recogerá y los llevará a la tierra. Aquí se les proveerá con un ambiente sin amor y seco, ofreciéndoles, en justicia exacta, lo mismo que han dado en sus vidas o tiempos anteriores. Todas las personas que tengan deseo de aislarse del mundo deben de abstenerse de acapararse a sí mismos, para que puedan evitar vidas futuras de frustración y restricciones.

Hay algunos, entre los muertos no ascendidos, quienes en vida tenian conceptos místicos acerca del cielo. Después de la muerte, tales personas se encuentran en las cavernas del glamour del purgatorio, desde donde pueden reproducir exactamente, por breve duración, sus ideas acerca del cielo. Cualquier cosa que uno sienta o piense en las cavernas del glamour del purgatorio se convierte gráficamente real para uno. En los mundos superiores, a esto se le llama *transferir-escena*. Así que, tales muertos no ascendidos en las cavernas del glamour estan bajo la ilusión de que han alcanzado el estado de la gloria.

Aquellos que fueron busca-sensaciones, o que pusieron durante la vida su confianza en el glamour en el mundo, se reencuentran a sí mismos en las cavernas del glamour después de la muerte, en las cuales experimentan una sensación boyante y delirio prolongado, similar a la intoxicación. Por un periodo breve, uno puede hacerse, a voluntad, levantarse, caerse, y de lanzarse. Se siente como una hoja soplada por el viento del saber. Si una persona ha amado demasiado la sensación, se abandona a sí mismo a la experiencia de boyar hasta que ha agotado esta fase exuberante del *mas allá*.

Después de que uno ha pasado por la experiencia de la caverna del glamour, y se ha saturado a sí mismo con la fantasía de sus creencias no realistas, entra en otras cavernas de instrucción y de visión imaginativa. En la siguiente fase de la instruccion, tales personas encuentran que sus emociones han sido subyugadas, aplacadas, y se han hecho mas frescas. Los Hombres en Vestimentas Blancas se aproximan a la persona irrealista después de la muerte con la lógica de lo simple, cual les enseña la diferencia entre el deseo y la realidad. Cuando estas personas renacen al mundo, estarán menos dominados por la fantasía, y su aptitud mental será de más astucia.

Si uno no ha sido fiel en su relación matrimonial, su indulgencia sexual promiscua, le oscurece el registro de su alma. En el estado de mas allá de la muerte, el adultero tiene que entrar a las cavernas de la castidad, y tiene que aprender acerca de lo sagrado que es el acto de procrear. En la vida que viene, carecerá discriminación al seleccionar a su pareja; ya que el registro de su alma le conducirá a depositar su confianza en alguien sin castidad, y darle su amor a alguien quien le será infiel.

Cuando uno ha consentido, por amor, al acto del adulterio, y se siente arrepentido y contrito mientras aun vive en el mundo, puede hacer union con su alma durante el intervalo de 90-días de contrición después de la muerte.

Jesús perdonó a la ramera arrepentida porque, al mirar dentro de su corazón, Él vió que ella había sido victima de los demonios de la sociedad. También, Él le borró los pecados a la mujer que "amó mucho".

> *Díceles Jesús: De cierto os digo, que los publicanos y las rameras os van delante al reino de Dios. (San Mateo 21:31)*

Las personas que hayan sido lujuriosas, lascivas, y libidinosas mientras que vivieron en el mundo son jaladas hacia abajo por la gravedad-sutil hasta dentro de las cavernas de la lujuria, donde van a observar los horrores de la perversión y el efecto que la perversión causa sobre el alma del hombre. Cuando estas personas hayan concluído esta dolorosa experiencia, son jalados por la gravedad-sutil hacia dentro de las cavernas de la castidad, donde se les enseña la diferencia entre la pasión y el amor. Se les enseña como, en muchas vidas, se han desviado del amor puro. Se les enseña que su motivo fundamental ha sido la venganza en contra del amor. Se les muestra también que han abusado del poder mas grandioso que se le ha dado al hombre. Los Hombres en Vestimentas Blancas trabajan con el libertino y con el pervertido para permitirles que limpien su profanación del amor, y de que acepten la inevitable impotencia sexual en sus vidas venideras.

Los muertos atados a la tierra, sensuales, que ni ven ni oyen las ayudas superiores después de la muerte, son atraídos a los ambientes físicos corruptos y lascivos. Las entidades sensuales, atadas a la tierra, tienen el poder de insinuarles sus deseos lascivos y lujuriosos a los vivos que sean inmorales. Para participar indirectamente, imponen sus deseos sexuales sobre personas que aún no tengan claros sus propios deseos sexuales. Los muertos sensuales, atados a la tierra absorben algun magnetismo sexual de las acciones lujuriosas sexuales de las personas físicas. Este magnetismo sexual alimenta y nutre sus capas emocionales inferiores.

Una entidad depravada, atada a la tierra, tiene un mecanismo parecido a un tentaculo del pulpo, por medio del cual puede compartir y absorber las complacencias sensuales y lujuriosas del hombre. La intrusión persistente de estas entidades atadas a la tierra degenera la vitalidad sexual de sus victimas. No permiten que sus victimas actuen con reverencia y ejercen su influencia para que sean infieles en el amor.

Los muertos atados a la tierra, que han entorpecido sus sentidos con el uso del alcohol o tabaco cuando vivía en el mundo, se sienten atraídos a sitios familiares, para poder entrar en calor con los ambientes humanos. Donde quiera que haya tabernas oscuras, alcohol y tabaco, las entidades atadas a la tierra están cercanas. Para el muerto que está atado a la tierra, el tabaco es similar al incienso que se usaba en los antiguos templos fálicos. Tales muertos atados a la tierra disfrutan y se saturan en el aroma y vapor del alcohol y el tabaco. Los alcohólicos crónicos son a menudo victimas de ser poseídos por entidades atadas a la tierra. El delirium tremens corresponde con las cavernas alucinantes del purgatorio.

Individuos que se hacen sacerdotes prematuramente, y aquellos que aspiran al celibato, toman los votos célibes antes de tiempo, ofenden las leyes de la propagación. El resultado es que sus emociones y pensamientos quedan teñidos por el libertinaje y la lujuria. Las personas que se obligan a sí mismas a vivir vidas célibes y de austeridad tienen que darle la cara a los deseos sexuales que han amontonado cuando pasen la experiencia del purgatorio después de la vida en las cavernas de la lujuria. Permanecen en las cavernas de la lujuria por breve tiempo, después del cual caen en un sueño profundo dentro de las cavernas de la castidad. En vidas futuras, tales personas tienen aversión al matrimonio; y si entran al estado matrimonial, no corresponden a sus responsabilidades matrimoniales. Resultan ser compañeros fríos o tibios.

Si uno que vive la vida en celibato aún no ha dominado su naturaleza pasional, no es inmune a las tentaciones sexuales en el mundo. Cuando hace votos de celibato con conciencia sensitiva, experimenta algo de los fuegos del purgatorio mientras viva en el mundo. Continuamente ha de morir a sus deseos sexuales mientras esté en el cuerpo físico. Cuando tales personas están libres de la tensión producida por sus deseos sexuales, quedan exentos, después de la muerte, de la experiencia de la caverna de la lujuria en el purgatorio.

El verdadero célibe ya ha concluído sus compulsiones procreativas en vidas previas. Cuando uno entra en acuerdo de ser célibe con su propia alma a la hora correcta, no tiene dificultad en cumplir con ser célibe.

> *Mas esto digo por permisión, no por mandamiento. Quisiera más bien que todos los hombres fuesen como yo: empero cada uno tiene su propio don de Dios; uno á la verdad así, y otro así. Digo pues á los solteros y á las viudas, que bueno les es si se quedaren como yo. Y si no tienen don de continencia, cásense; que mejor es casarse que quemarse.* (1 Corintios 7:6-9)

Todo aquel que ha ofendido el poder de la

palabra se encuentra en la caverna del silencio en el purgatorio. Después que la experiencia de la caverna del silencio ha concluido, el egoísta alardoso, el engreído conversante rábido, el calumniador, el charlatán, y el mentiroso son jalados hacia abajo por la gravedad-sutil hasta el cañón de los ecos del purgatorio. En el cañón de los ecos, uno escucha cada una de las palabras que ha pronunciado en vano u ociosamente. Al principio, queda fascinado y halagado al oír las palabras dichas por él en toda su vida. Después se espanta por la osadía de la idea contenida en sus palabras. Luego se da cuenta de que hubo mucho que absolutamente no debió haber dicho. Está consciente de que ha ejercido el poder de la palabra para herir y hacer daño. Se encuentra atrapado entre sonidos que retumban y rugen, y que dolorosamente resuenan sobre él. Finalmente, ve lo inútil y el desperdicio de las palabras dichas. Se queda pasmado al darse cuenta de la poca cantidad de palabras dichas que fueron amables, cariñosas, o creativas.

Después de esta experiencia en el cañón de los ecos, todos los que han charlado por gusto, o que han calumniado, con ensañamiento o han pronunciado palabras inciertas, son llevados a las cavernas de las palabras verdaderas. Ahí se les enseña que el habla es un gran poder, y de que hay un superior destino para el hombre que habla con la verdad. Se les enseña que cuando el habla se emplea en forma destructiva, tiene el poder de herir. Cuando uno cumple con la instruccion del purgatorio en la caverna de las palabras verdaderas, uno regresa al mundo determinado a hablar y a ser genuino.

Si uno se rehúsa a cumplir con la instruccion del purgatorio en la caverna de las palabras verdaderas, en su próxima vida se le colocará en ambientes con quienes ni pueden ni desean oír sus palabras. Si uno ha sido mentiroso de nacimiento, y no se arrepiente en el purgatorio, en la vida siguiente se le impondrá una restricción en la lengua; no podrá expresarse por medio del habla. Si uno ha usado palabras para calumniar a otros, será calumniado y criticado en sus vidas futuras.

La angustia más intensa que se puede sufrir después de la muerte es en las cavernas de los tumultos horizontales dentro de lo más hondo o en las profundidades a sub-nivel del purgatorio. El asesino tiene que pasar por estos tumultos. El que le quita la vida a alguien por odio, deliberadamente, y por ser de corazón perverso, debe pasar por los tumultos del purgatorio correspondiente al tono mas bajo en la tierra. Esta angustia del purgatorio se extiende por intervalos largos, hasta que uno se vacia del aspecto violento de su acto homicida del pasado. En las cavernas de los tumultos horizontales, el hombre se dice a sí mismo, "¿Cuánto tiempo? ¿Cuánto tiempo?"

Aquellos, quienes mueren con sangre en las manos, regresan al mundo con culpabilidad de sangre. Sus almas determinan como deben hacer retribución por haberle quitado la vida a alguien. Hay ocasiones, que una persona con culpabilidad de sangre es atrapada en una red de circunstancias en su próxima vida, por lo cual, se le condena—y se le ejecuta por—un crimen que no ha cometido.

El color, como la música, desempaña un papel muy importante en la vida del mas allá de la muerte. Los Hombres en Vestimentas Blancas y los ángeles quienes trabajan con los muertos usan la cromoterapia. Los muertos violentos y que no responden son sumergidos en colores que varían desde los tonos más suaves del arco iris hasta los tonos más sombrios.

Los muertos neurasténicos, los muertos criminales, y los muertos endurecidos reciben música y colores terapéuticos. Tales personas, mientras son sometidos a la anestesia del purgatorio, reciben terapias de música y color. Las terapias de música y color se repiten una y otra vez hasta que al muerto se sienta inspirado por el deseo de unirse con su yo integro, o su individualidad que reside dentro de del alma. Cuando concluyen las terapias de música y color, se les da la instrucción oral por los Hombres en

Vestimentas Blancas.

Las personas totalmente corruptas y perversas que han vivido por muchas vidas en destrucción y persecución del inocente, y quienes han instigado matanzas y genocidios, son extraídos del mundo de los vivos y del mundo de los muertos. Son extraídos a un aislamiento sombrío, permaneciendo sumergidos en la oscuridad, apartados de la luz de sus almas, e incomunicados al mundo. Estas personas malvadas son conocidas como *los muertos apartados.* Cuando tales personas mueren, están pasados de la rectificación, y no regresan al mundo físico. Permanecen en un sueño congelado, experimentando el estado de la muerte, en consciente ensombresido semejante a la quimera.

> *Y al siervo inútil echadle en las tinieblas de afuera: allí será el lloro y el crujir de dientes. (San Mateo 25:30)*

CAVERNAS DE LA MISERICORDIA

Muchas personas cometen faltas debido a su ignorancia, debido a su falta de disciplina, y por no haber sido amados. Cuando la muerte alcanza a quien ha sido victima de una secuencia de negligencias que derivan de su ambiente, experimenta el intervalo de contrición de 90-días en las cavernas de la misericordia, donde se le da cuidado y ternura para sanar; y las heridas de sus incertidumbres e inseguridades son reparadas y sanadas. De vez en cuando, los Hombres en Vestimentas Blancas vienen hasta estos desventurados y cansados, para instruirles acerca del mundo dentro de sí mismos, y su lugar en Dios. Su lección para aprender, en el periodo entre la muerte y el nacimiento, es que el alma tiene el poder de hacer al hombre superior a su ambiente.

Uno de los mayores poderes que Dios ha dado al hombre es el de superar su medio ambiente, no importa cual ambiente. Es un poder del alma. Cuando uno niega ese poder, niega a su Creador. Cuando la victoria sobre el ambiente se realiza a base de la crueldad y egoísmo, uno se hace emprendedor del mal, en lugar de emprendedor del bien; se frustra a sí mismo y al plan de Dios.

En las cavernas misericordiosas del purgatorio, los muertos cansados experimentan un estado de absorción pictórico, como en una nube. Por haber sido su mayor pecado en la tierra el de la omisión—o sea, el dejar de hacer—permanecen en el estado de muerte no ascendida por un largo tiempo después del intervalo de 90-días de contrición. Los muertos fatigados permanecen en las cavernas de la misericordia hasta renacer en la tierra en una civilización que tenga la respuesta a sus necesidades. Si responden a los Hombres en Vestimentas Blancas en las cavernas de la misericordia, entrarán al mundo con triple responsabilidades en su vida venidera, en donde, estos emplearan su iniciativa, y experimentarán la dicha y gratificación de acciones bien hechas.

En las cavernas de la misericordia, a los muertos fatigados e ineptos, se les enseña por medio del ejemplo y observación, los registros del alma de grandes hombres quienes han dominado las circunstancias estando vivos en el mundo. Se les muestran los poderes milagrosos de el vencer, y sus resultados en el mundo. Así que, la experiencia del mas allá de la muerte para el difunto fatigado es una de absorción, empatía, y emulación.

Los muertos cansados no pueden comunicarse con los vivos a través de la telepatía durante el intervalo de 90-días de contrición, ya que están llenos de disgusto por la vida que acaban de dejar. Durante la vida en el mundo, no tenían capacidad para comprender los sentimientos y motivos de los demás; por lo tanto, después de su muerte, no están interesados en el mundo de los vivos.

Aquellos que viven en el mundo, que han descuidado o abusado del muerto fatigado, puede que reciban recuentos de escenas retrospectivas de arrepentimiento al dormir o en sus sueños en época de Navidad, Pascua, el solsticio de verano, o en el equinoccio de otoño.

Una de las experiencias más pesadas del purgatorio es el morir a una creencia o a ciertos conceptos fijos, como la recompensa o el castigo mas allá de la muerte. Si una persona está convencida de que solo cierta creencia religiosa puede colocar al hombre en el cielo, o si cree que solo por medio del bautismo puede el hombre librarse de la experiencia del purgatorio después de su muerte, demora y entorpece su progreso en el estado mas allá de la muerte. Después de morir, tales personas entran a las cavernas del juicio, donde se les muestran los sacramentos de los mundos superiores que sobre dirigen a toda religión. Aquí aprenden que toda religión es necesaria en el mundo; se les enseña que cuando una religión expresa el aspecto misericordioso de Dios, un gran bien se le rinde al mundo. También aprenden que las religiones que no obran con la misericordia de Dios, y que no saben interpretar las leyes de Dios con misericordia y justicia, no se alinean al ritual verdadero del cielo, de donde proviene toda verdadera veneración. Se les muestra que tales religiones tienen poder en asuntos mundanos, y no tienen ningun poder para afectar al hombre después de la muerte.

Cuando una persona con devoción a las creencias religiosas recibe el sacramento de la muerte en sus últimos momentos de vida, ciertas tensiones y temores se quitan de su mente. Esto es una bendición para muchos. Si una persona, pertenece a cierta religión que requiere tal cumplimiento, rechaza el último sacramento, o por cierta circunstancia le es imposible recibir el sacramento, es el destino de esa persona quedar libre de esa religión en la proxima vida en la tierra.

Si uno se ha unido con su alma en los tres días del purgatorio interino después de morir, los ritos del mundo terrenal no tendrán poder sobre este; los ritos celestiales y el alma tienen mando supremo. Si una persona está atada a la tierra o en el purgatorio, las oraciones y ritos puros de naturaleza religiosa le afectan y le ayudan.

La creencia de que los niños deben ser bautizados para evitar el purgatorio después de morir es innecesariamente dolorosa para los padres que pierden a un hijo que no había sido bautizado antes de morir. La creencia de que un niño está atado por toda la eternidad al mundo del purgatorio después de morir, si el niño no fué bautizado dentro de cierta religión o creencia, no tiene ningún efecto sobre el difunto, pero si tiene un efecto doloroso para las mentes de los vivos.

Las cárceles e instituciones penales del mundo reflejan a ciertas cavernas del purgatorio. Jesús, después de morir, descendió al purgatorio y predicó "a los espíritus encarcelados".

> *Porque también Cristo padeció una vez por los pecados, el justo por los injustos, para llevarnos á Dios, siendo á la verdad muerto en la carne, pero vivificado en espíritu; En el cual también fué y predicó á los espíritus encarcelados.* (1 Pedro 3:18,19)

Los hombres que son apresados en el acto criminal en el mundo físico son afortunados, ya que tienen la oportunidad de purgarse de sus crímenes mientras están encarcelados en el mundo físico. Si se arrepienten, y sienten remordimiento por los odios, lujurias, y avaricia, que instigaron sus crímenes, tendrán una mayor libertad después de la muerte. Sin embargo, no todos los que cometen crímenes están en instituciones penales. Aquellos quienes le quitan al más débil, o le despojan de su dinero y posesiones—o quienes, por medio de autoridades del mundo físico, hacen presa y explotan a sus semejantes—se encuentran después de morir en las cavernas de aislamiento para criminales en el purgatorio. En estas áreas de aislamiento y encierro del purgatorio, tienen la oportunidad de ver que ellos son victimas de sus propios actos criminales.

... estamos en oscuros lugares como muertos. (Isaías 59:10)

Después de la muerte, aquellos cuyos corazones criminales no se han arrepentido, son llevados a áreas restringidas en las cavernas del purgatorio; a menos que hayan adquirido poderes ocultos en sus vidas previas, no se podrán escapar del aislamiento del purgatorio impuesto sobre ellos. Los criminales que han tenido conocimientos ocultos en vidas previas entienden las funciones de las cavernas subterráneas de los muertos. Entonces tienen el poder de negarse a aceptar el aislamiento. Al no tener remordimiento, estos se deleitan en aprovecharse de los pensamientos de las personas con tendencias criminales en la tierra. Muchos crímenes cometidos en el mundo físico se deben a las sugestiones y pensamientos enviados por el criminal muerto atado a la tierra. Los pensamientos de alguien atado a la tierra y perverso, hacen un impacto impío sobre la mente de los que tienen tendencias al crimen en el mundo.

Cuando el estado mata a un criminal empedernido, y no se arrepintió de sus crímenes, se convierte en una amenaza para los vivos y para los muertos. A su tiempo, la misericordia de Dios anulará la pena de muerte. Conforme el ser humano se aproxima más y más a la ética de Jesús, comprenderá que el estado, como el hombre, debe observar el Mandamiento, "No matarás."

En las cavernas de el aislamiento del purgatorio para criminales, los Hombres en Vestimentas Blancas son asistidos por la Orden de San Judas. La Orden de San Judas consiste de hombres quienes han vivido en el mundo físico y quienes de alguna manera vivieron cerca al crimen; tienen un entendimiento único del corazón y la mente criminal. La Orden de San Judas, que visten ropas azules, funciona como brazo de los Hombres en Vestimentas Blancas. Los hombres de la Orden de San Judas trabajan para mantener presente en la mente del criminal la misericordia de Dios. Estos instruyen, enseñan, y asisten a las mentes criminales para que acepten las disciplinas retributivas que tendrán que asumir en vidas venideras. El muerto criminal que acepta la instrucción de la Orden de San Judas regresa al mundo determinado a rectificar el intento inmoral. Tales personas se encuentran algunas veces en posiciones de policías, soldados, jueces, abogados, y magistrados, o donde quiera que haya instituciones penales. Trabajan con compasión para rehacer y para dar esperanza a quien tenga tendencias al crimen; tratan de prevenir el crimen por medio de métodos misericordiosos y constructivos.

Las gente que vive en el mundo, que han estado asociadas con un criminal muerto, pueden asistir y darle ayuda espiritual a aquellos quienes están aislados dentro de las cavernas del purgatorio debido a crímenes en la tierra. Sus oraciones ayudan a la Orden de San Judas a auxiliar a los descarriados.

El perdonar es superior al juzgar. Si uno tiene el corazón arrepentido, uno recibe la bendición benéfica del perdón después de su muerte, como en el caso del ladrón arrepentido que fué crucificado al lado de el Señor Jesús. Su aceptación de la justicia que se le proporcionó por sus malas acciones, y su reconocimiento hacia Jesús como el Salvador, le permitió estar con el Señor Jesús en el paraíso.

> *Entonces Jesús le dijo: De cierto te digo, que hoy estarás conmigo en el paraíso. (San Lucas 23:43)*

El paraíso es una península o barra de luz celestial localizada entre las cavernas del purgatorio y el Primer Cielo. Toda persona toca el paraíso después de morir. El malvado, al estar dormido, no se da cuenta del paraíso; los buenos están despiertos. El paraíso es dado por Dios, para que todo que muere pueda experimentar por un breve tiempo una un avance del cielo. En el paraíso, hay tanta belleza como la que nunca ha visto el hombre sobre la tierra. Hay acción incesante, orden, virtud, y ninguna resistencia. El paraíso es el altiplano del hombre—una pausa después de la muerte para darle a uno vigor para la siguiente fase de progresión que le sigue a la muerte.

El paraíso es similar a un banco de arena en el mar. Es un trampolín ya sea para las cavernas oscuras del purgatorio, o para los corredores alumbrados del cielo. A cada lado del paraíso hay corrientes giratorias, inteligibles que lo arrastran a uno al lugar que le corresponde. El Ángel Guardián, trabajando con el registro del alma, determina si uno cruza la barra del paraíso hacia el purgatorio, o hacia el Primer Cielo donde habitan los muertos ascendidos.

6.

LOS MUERTOS ATADOS A LA TIERRA

¿Por qué el hombre teme la muerte? El hombre no teme el morir; teme el enfrentarse con la conciencia, exponer sus pecados secretos. El alma le dice a quien muere: "Venid, mirad en el espejo de ti mismo. Examinad vuestras vanidades, vuestras presunciones, vuestras justificaciones, y vuestras lógicas. Poned sobre ti mismo la capa de la verdad. No negueis lo que habeis hecho; pues, si negocias usar vuestras equivocaciones para aprender, vuestra conciencia no se volteará contra vos. Si es que veis un buen registro de vuestros dones, os alegraras; pero si habeis sido administrador negligente de vuestros dones, vuestro mejor sí mismo os dirá que debereis intentarlo una y otra vez".

Dios es un Dios de amor. Dios no castiga a Sus hijos. Las leyes de Dios están grabadas en el alma del hombre. La conciencia es el reflejo de las leyes de Dios. Al cometer errores en el mundo físico, las leyes de Dios le ponen al hombre riendas sobre sus acciones. Cuando este deliberadamente rehúsa escuchar a su conciencia esto demora la reacción consecuente de sus faltas—y sus desvios son grabados por la conciencia sobre el registro de su alma. Si el registro del alma está sobre cargado con el peso de la malda y las faltas, el que muere se va abajo, por el peso, hacia la tierra; así que, después de morir queda atado a la tierra, y se demora en responder a las ayudas edificantes del cielo. Siglos puedan ser consumidos antes de que una persona atada a la tierra sea desatada para finalmente completar la experiencia del purgatorio. En algunos casos, los muertos que están atados a la tierra permanecen cercanos a la tierra por tiempo interminable.

Los muertos atados a la tierra pertenecen a la octava más baja de los muertos no ascendidos. Sin embargo, no toda la gente atada a la tierra es malvada. El no aceptar la realidad de la muerte también puede atar a la persona después de morir. Algunas personas que están atadas a la tierra fueron bien intencionadas antes de su muerte; pero, debido a su falta de conocimiento de la vida mas allá de la muerte y su progresión, estos quedan vagando cercanos a la tierra, rehusando aceptar el estado de muerte y la vida después de la muerte.

Los muertos bien-intencionados y faltos de conocimientos pueden quedar atados a la tierra temporalmente debido a las memorias de la tierra, lugares de vivencia, y asociaciones de la tierra. Una vez que concluye el estado de estar atados a la tierra, los muertos bien-intencionados se trasladan a las cavernas en el mundo del purgatorio, donde los Hombres en Vestimentas Blancas les enseñan la diferencia entre el bien y el mal. Después que los muertos bien-intencionados han cumplido con su experiencia en el purgatorio, se hacen, a lentos grados, los *muertos vivificados*. Esto normalmente ocurre justo antes del nacimiento a su vida próxima.

Antes de morir, las personas malvadas, atadas a la tierra, expresaron compulsiones violentas emocionales. Después de la muerte, sus emociones se convierten en un tormento feroz para ellos. Ya que no se han arrepentido, los muertos malos atados a la tierra, no pueden morir a sus emociones inferiores. Sus emociones indómitas les obligan a buscar antiguos ambientes y personas a quienes ya sea odiaron o dominaron.

Las personas atadas a la tierra tienen el poder de aparecérseles a los vivos. Aquellos quienes no están conscientes de la proximidad de los muertos atados a la tierra estan bendecidos por la misericordia de Dios. Si alguien estando vivo en el mundo se ha beneficiado materialmente por las conquistas malignas en la vida-física de los muertos atados a la tierra, y si es que por su voluntad fué accesorio a las malas acciones en la tierra de los muertos atados a la tierra, este será vulnerable a la voluntad de los muertos atados a la tierra. La fuerza de voluntad severa de la persona mala atada a la tierra, cuando es percibida por los vivos, produce una anomalía—y algo aterrorizante.

Todas las personas atadas a la tierra, son sometidas a ondas anestéticas, que los envuelven en ciclos o periodos. Estas ondas anestéticas le sueltan su adhesión al mundo. Cuando la violencia en la voluntad de una persona malvada atada a la tierra ha disminuído, la persona es sometida a la anestesia del pre-nacimiento, y se prepara a reencarnar o a regresar a la tierra.

Las personas atadas a la tierra pueden communicarse con los vivos por medio de telepatía subversiva o con pensamientos de reproches contra los vivos—o por medio de apariciones, o sea apareciéndosele a los vivos. Una persona atada a la tierra puede hacerse sentir y ver por los vivos si tiene un fuerte e insalubre lazo con algún incidente sin terminar, tal como de haber sido asesinado o que haya muerto violentamente; o si se siente ultrajado y traicionado por el uso de sus propiedades o pertenencias.

El cuerpo de las emociones inferiores, cual el muerto atado a la tierra no logró que fuera consumido en los fuegos de contrición, se convierte en el cuerpo de aparición, que puede ser visto por algunos vivos en el mundo. Los muertos atados a la tierra, que se aparecen, a menudo son llamados "fantasmas" por aquellos que viven en la tierra. Los muertos atados a la tierra, espectrales o que se aparecen, están limitados al cruce de corrientes entre el purgatorio y la tierra. Los muertos atados a la tierra, que se rehúsan a creer que han muerto, ni ven ni oyen la ayuda de sus ángeles; solo pueden ser alcanzados por los vivos. La oración, acompañada por el conocimiento del verdadero rito para los muertos, pueden exorcitar y desatar a los muertos atados a la tierra.

Los muertos que se aparecen pueden debilitar y hacerle daño a los vivos. También pueden usar el sonido audible y las energías destructivas del mas allá de la muerte para producir fenómenos aterradores; ya que tienen el poder de acelerar y de usar la fuerza latente psíquica y cinética de los objetos. Las personas atadas a la tierra a menudo sienten un deleite sagaz al perturbar un hogar o un ambiente. Sus emociones subvertidas se alimentan del temor de sus victimas.

La entidad atada a la tierra, que ha carecido de conciencia y que ha sido parasitario en su vida en la tierra, continua siendo parasitario después de la muerte, y hace presa de los vivos.

Las poderes satánicos y principados y las potestades de la las tinieblas obran por medio de los muertos perversos atados a la tierra. Los poderes de las tinieblas utilizan y explotan al muerto que haya tenido corazón corrupto durante su vida en el mundo. En las cavernas oscuras del bajo mundo sutil, autoridades sutiles y perversas se aprovechan de los vivos que aun tengan algo de malicia, codicia, avaricia, o lujuria.

La maldad en posiciónes de gran poder, o en atmósferas religiosas, es inspirada por aquellos que son intolerantes atados a la tierra, que llevan de muertos mucho tiempo. Esta malicia es una proyección del Anticristo que desafia el derecho de cada persona para adorar a su Dios.

> *Porque no tenemos lucha contra sangre y carne; sino contra principados, contra potestades, contra señores del mundo, gobernadores de estas tinieblas, contra malicias espirituales en los aires. (Efesios 6:12)*

Los muertos atados a la tierra que hacen aparición, en su capa vaporosa de fantasma, son atraídos a los antiguos edificios en decadencia, pantanos, o donde quiera que exista un estado de acción degenerante. Los muertos atados a la tierra también habitan en los gabinetes oscuros y salones para sesión espiritista. Los muertos atados a la tierra extraen magnetismos terrestres vivientes del interior de los cuerpos físicos de aquellos quienes se sientan extasiados en expectativas de fenómenos psíquicos. Tales personas, quienes buscan prueba de la vida después de la muerte desconocen el peligro al que se exponen en tal asociación no carnal.

La comunión con los muertos es inevitable, pero la comunión mal hecha con los muertos es una práctica macabra, no sana para los vivos y es inconveniente para los muertos. Aquellos que llaman a los muertos, o se comprometen en psíquicamente averiguar acerca del reino de la muerte, se ponen en peligro; ya que su ignorancia del fenómeno de la aparición y de lo espectral les trae desastre y tragedia, que afectan su equilibrio mental, moral y emocional. La historia Bíblica de Saúl, la bruja de En-Dor y Samuel es una que debe ser recordada por todo aquel que llama a los muertos.

> *Y Samuel dijo á Saúl: ¿Por qué me has inquietado haciéndome venir? (1 Samuel 28:15)*

Llamar a los muertos produce una cosa anormal en el mundo. Molestar a los muertos es un acto de intrusión sobre aquel que ha muerto. Cuando uno busca resolver un problema material en la tierra llamando a los muertos ofende la ética de la oración. Toda petición para ayuda debe ser hecha al "Padre nuestro que estás en los cielos."

Cuando Samuel se revelo encontra de que Saúl usó a la bruja de En-dor "haciendome venir" aquí, estaba en lo que se le conoce como el Sueño del Profeta. El Sueño del Profeta es un estado de absorción celestial por medio del cual el profeta ve cosas que ya han sido y cosas que estan por ser.

Cualquier persona que tiene interés en los fenómenos psíquicos, y demuestra alguna tendencia hacia los poderes psíquicos, debe seguir al pie de la letra estas dos amonestaciones:

> *Amados, no creáis á todo espíritu, sino probad los espíritus si son de Dios. (1 Juan 4:1)*

> *Examinadlo todo; retened lo bueno. (1 Tesalonicenses 5:21)*

A menos que la persona tenga una curiosidad anormal e insaciable, no permanecería aliada con las artes psíquicas por mucho tiempo; ya que su alma le creará un mal gusto y repugnancia por lo que continua conduciéndole a callejones sin salida. Cuando deposita su confianza en personas sucias de los bajos mundos tenues, producirá dolorosas lecciones, cicatrices, y quemaduras.

La entidad atada a la tierra es una amenaza a la vida de la persona espiritual. Si el que busca llevar una vida espiritual retiene el más mínimo deseo de obtener poderes espirituales sin esfuerzo ni sacrificio, cae victima de seres atados a la tierra del bajo mundo tenue.

Después que uno ha estado atado a la tierra por largo periodo de tiempo, uno desarrolla ciertas proyecciónes semejantes a antenas o tentáculos de éter sutil por los cuales se pega a una victima desprevenida y sin su conocimiento.

Una persona no puede ser poseída por una entidad atada a la tierra a menos que este sea, hasta cierto grado, de naturaleza facil de sugestionar. Cuando uno usa la voluntad en balance correcto, no puede ser poseído por una entidad atada a la tierra. Quien renuncia a su voluntad y se la otorga a la voluntad dominante de otro, o ha estado sujeto a la voluntad de otro por medio de la hipnosis, se puede convertir en *campo de invitación* para una entidad atada a la tierra. Cuando uno es consistentemente indeciso, se convierte en *campo neutral* para el muerto atado a la tierra; puede ser sujeto de una entidad atada a la tierra de bajo calibre, o puede ser sujeto de una entidad atada a la tierra que posea una forma de intelecto mas alta.

Cuando uno posee poderes psíquicos, y cede uno a la intrusión persistente de entidades atadas a la tierra—o, cuando uno por sentimientos erroneos tales como pensamientos de los muertos darse cuenta abre la puerta al muerto atado a la tierra—hace de sí mismo un aposento en el cual una entidad atada a la tierra puede morar. La entidad atada a la tierra lanza una serie de ataques contra el lado izquierdo del cuerpo del vivo; y, si la persona no tiene medios para protegerse, la entidad eventualmente gana la entrada. La entidad atada a la tierra verdaderamente se arrastra hasta entrar al cuerpo de la persona, y hace a un lado el hilo vital qué conecta el ego y el alma del vivo. La entidad entonces toma posesión del cerebro de la persona, y comienza a pensar y a actuar a través de su sistema nervioso. A partir de ese momento, la persona que vive en el mundo queda poseída. Esto es lo que significa en las Escrituras que una persona esta "fuera de sí" (San Marcos 3:21).

Cuando una persona poseída por una entidad muere, la entidad que sigue atada a la tierra se retira y busca otra victima por medio de la cual pueda funcionar.

El que estando vivo invite a una entidad a entrar en su persona, o consienta a ser poseido por una entidad, se debilita totalmente en lo que es su voluntad y se incapacita en sus acciones. Tal persona se somete a una muerte similar a la muerte por suicidio. Al no haberse expresado personalmente desde el momento que la entidad tomó posesión de el, se encontrará después de la muerte en un estado de gran confusión. Le requerirá muchas vidas de reajuste para poder regresar a un equilibrio o a tomar posesión de su propia voluntad, y a poder dirigir sus propios actos.

El psiquiatra adelantado del futuro podrá entender al hombre poniendole énfasis sobre el alma, en lugar de sobre la mente y la mente subconsciente. Llegará a ver la diferencia entre la persona obsesionada y la persona poseída. La obsesión es causada por la sombra de alguna vida previa. La posesión es debida a que uno está poseído por una entidad atada a la tierra.

La obsesión puede ocurrir durante los periodos de débilidad o de depresión en la vida de uno. En la obsesión, uno adopta ciertas características de alguna vida previa, y ocurre un cambio definitivo en la personalidad.

Cuando uno ha usado poderes psíquicos continuamente en vez de poderes espirituales en la vida presente o en vidas pasadas, se convierte uno en vehículo para ser poseído por una entidad atada a la tierra. Este estado sugestionable de estar poseido por entidad crea una cosa desagradable y profana en el mundo. Es una fuerza demoníaca que conduce a la persona a destruir y lastimar. Solo aquellos que tienen conocimiento de los poderes del alma pueden hacer exorcismos a tales entidades para sacarlas de sus desventuradas victimas que sucumben a sus posesiones malvadas.

> *Y como él hubo llegado en la otra ribera al país de los Gergesenos, le vinieron al encuentro dos endemoniados que salían de los sepulcros, fieros en gran manera, que nadie podía pasar por aquel camino. (San Mateo 8:28)*

Una de las formas en que la persona puede reconocer la posesión por una entidad atada a la tierra es por medio de una condición llamada *ictericia astral*. La piel de la persona sugestible desarrolla una palidez como de cera amarilla, y la piel debajo de sus ojos parece que está amoratada, con manchas cafés y moradas. Sus sentimientos son indiferentes, y sus pensamientos son depresivos, impotentes, y suicidas. También experimenta estados alternos de delirio de grandeza, egoísmo, y vanidad. Cuando una entidad ha tomado posesión absoluta, la persona sugestible no mira a nadie a los ojos. La inexplicable sacudida espasmódica del cuerpo es también indicativa de un ser poseído.

Entidades atadas a la tierra no pueden soportar el agua pura ni la limpieza. Les agrada el desorden y el desarreglo. Muchos crímenes son instigados por hipnosis de las entidades atadas a la tierra. Los crímenes cometidos sin premeditación por personas de tendencias inmorales, a menudo se deben a la posesión de seres atados a la tierra. Los muertos que aun están atados a la tierra son conocidos en la Biblia como los "espíritus inmundos". Jesús les dió a Sus discípulos el poder para echar fuera a los espíritus impuros.

> *Entonces llamando á sus doce discípulos, les dió potestad contra los espíritus inmundos, para que los echasen fuera, y sanasen toda enfermedad y toda dolencia. (San Mateo 10:1)*

Los muertos aun atados a la tierra pueden vagar cercanos de un animal y causar que el animal se comporte de manera muy peculiar. Es posible que un animal vea a los muertos antes de que uno se dé cuenta de la visita del muerto.

El hombre es un ser que habla y que piensa; tiene el intelecto para razonar. El hombre nunca ha vivido en la forma de animal, ni nunca será un animal. Cuando los muertos atados a la tierra no logran encontrar una sugestivilidad magnética para alimentarse de esta en un ambiente, en ocasiones buscan el apegarse al líquido en la columna dorsal o al abdomen de un animal. De esto proviene la creencia falsa de la transmigración, que es, la creencia de que el humano pueda reencarnar en forma de animal.

Los muertos atados a la tierra que rehúsan responder al estado de purgatorio, y que aun se adhieren a intereses y afectos terrenales, a menudo son intrusos en contra de sus parejas previas. En caso de que la persona que enviuda se vuelva a casar, esto impone una prueba tremenda sobre los recién casados. Si aquel que está atado a la tierra rehúsa a ceder el reclamo a sus posesiones materiales dentro del hogar y a los lazos emocionales ya sellados por años de la asociación, la persona atada a la tierra puede causar una acción triangular anormal, que produce gran infelicidad a su pareja anterior. Para aquellos casados que buscan un nuevo inicio y felicidad en sus vidas, los celos tenues de los muertos atados a la tierra ponen en peligro el matrimonio, causando conflicto, confusión y, en ocasiones, la separación. Este triangulo no saludable se hace posible porque el vivo no está seguro de su amor por su nueva pareja; o puede ser causado por alguna deuda, aun no resuelta, que fue incurrida durante su matrimonio en la vida anterior. El verdadero amor entre los recién casados tiene el poder de clausurar al muerto atado a la tierra.

Los muertos atados a la tierra no ven las acciones físicas o movimientos de los seres vivos. Sin embargo, por medio de sensaciones penetran concientemente los sentidos, motivos, y pensamientos de las personas que se sienten favorablemente dispuestos hacia ellos, o quienes tienen niveles iguales de pensamiento. Una persona atada a la tierra puede solo penetrar la mente y los pensamientos similares o iguales a los suyos propios. Así pues, los muertos atados a la tierra que están concientes de sensaciones son atraídos a los motivos y sentimientos sensuales de los vivos. El muerto atado a la tierra tambien puede influir sobre alguien que, cuando estaban ambos en vida, tuvo dependencia del muerto atado a la tierra de manera que no era natural.

El amor puro, la oración, y las atmósferas limpias y ordenadas son repelentes para los muertos atados a la tierra. Es imposible para los muertos atados a la tierra interferir con la industria ética de los vivos. Es imposible para los muertos atados a la tierra el penetrar en personas que tengan rutinas y hábitos que no les sean familiares. Son atraídos solamente a formas, afinidades, y asociaciones conocidas previamente experimentadas por ellos mientras vivían en el mundo físico.

Hay algunos entre los muertos atados a la tierra quienes no se entrometen con los vivos. A estos se les conoce como *entidades observadoras*. Las entidades observadoras tienen el vicio de vagar después de la muerte; se mueven de un lugar a otro sin saber que se pueden elevar. Por su curiosidad inquieta, permanecen cerca de los ambientes terrenales. Los muertos que tienen vicio de vagar fueron personas materialistas quienes no tuvieron raíces emocionales, mentales, ni espirituales mientras estaban vivos en el mundo.

Muchos sacerdotes de la magia que vivieron en Persia, China, Caldea, y Babilonia están aun atados a la tierra. Cualquier individuo con poderes psíquicos puede caer bajo su dominio. Los muertos atados a la tierra, que han usado poderes pervertidos del ocultismo en vidas pasadas, afectan a los vivos de forma impía. Cuando uno busca enlazarse con la instruccion de los muertos acerca de la magia, el resultado para los vivos es desagradable, y produce amoralidad; ya que los poderes mágicos de épocas pasadas resultan anormales cuando se aplican en la época científica actual. Las directivas sutiles del muerto ocultista atado a la tierra, le agotan el juicio, desaparecen el incentivo, le roban la vitalidad de la energia física y suprimen la inspiración ingeniosa del alma.

Muchos Hindús del Oriente, quienes practicaban las fases menores del yoga durante su vida, están atados a la tierra (1) debido a que se creían que su yoga y su práctica ascética les permitirían liberarse de la rueda de la reencarnación, y (2) porque creían en la existencia estática en la vida después de la muerte. Los muertos atados a la tierra que son yoguis, tienen poderes telepáticos fuertes y penetrantes. Como *gurús astrales* estos buscan imponer su voluntad sobre los desprevenidos del mundo físico. Con frecuencia, aquellos alumnos que han llegado a una madurez en la metafísica, y que están listos para su próximo paso de iniciación, pasan por un reto iniciativo, en el que son expuestos a los gurús astrales que están atados a la tierra, quienes se hacen pasar por "Maestros". Si el alumno tiene tendencias hacia lo místico, se cree que la experiencia psíquica es una experiencia espiritual. Si uno da su consentimiento a la instruccion del gurú astral, su vida comienza a ser supervisada, psíquicamente, por el yogui atado a la tierra. El vivo se vuelve fanático en relación a la comida y hábitos del cuerpo físico. Su vida práctica se derrumba. Como está poseído por el tutor oriental atado a la tierra, busca vivir su vida como oriental mientras vive en el mundo occidental.

Hay cierto humor sardónico, burla, y malicia engendrados de los laberintos de gurús astrales, ya que los principados satánicos obran directamente con los gurús astrales. Así que, cuando una persona se convierte en dupa de un gurú astral, hay regocijo de tipo satánico en los laberintos donde habitan estas entidades corruptas. Tales entidades se sostienen la vida alimentandose del magnetismo y la vitalidad de las personas que se dedican a la mediunidad y a lo psíquico en el mundo físico. La persona que desee la vida espiritual debe buscar el hacerse puro de corazón, para que pueda sobreponer las fuerzas subterráneas.

La comunicación desde los laberintos de gurús astrales puede ser semejante a una clave punto-y-guión hacia la izquierda que se envía en voz continua e insistente a aquellos que sigan siendo egoístas, codiciosos, descuidados, místicos. Se puede reconocer el sistema punto-y-guión hacia la izquierda por (1) un estado continuo de depresion, (2) persistente actitud crítica en contra de otros, (3) deseo de auto-engrandecimiento y grandeza, y (4) ciertos sueños que son favorables para la exaltación personal y autoridad. Por lo tanto, puede ser visto por la persona espiritual lo necesario que es el dar de sí mismo sin pensar en ganancias, reclamo, o reconocimiento. Siempre, uno se debe poner la armadura de la Luz y la obra de la Luz en el nombre del Cristo, buscando cumplir la Voluntad del Padre con sincerimente y concientemente. Solo de esta forma se estará aislado y protegido de la comunicación subterránea, de punto-y-guión astral, psíquica e invertida.

Aquellos que investigan las regiones psíquicas, y los que designan su propio nombramiento como maestros metafísicos, trabajan sin saberlo con estos compañeros psíquicos, y obtienen sus ideas de grandeza de los pasillos subterráneos de los laberintos inferiores astrales. Todas las personas que están bajo la tutela de estas fuerzas trastornadoras caminan por una calle-sin-salida, y tienen que eventualmente retroceder sobre sus pasos. Hay personas que desperdician muchas vidas sobre la rueda psíquica.

Los poderes psíquicos si existen. Se pueden comparar a la electricidad prima. Cuando se usa de forma dañina, con el tiempo puede voltearse en contra de la persona y le hacen daño. Cuando uno empieza a aislarse espiritualmente, será protegido del crudo agotamiento de una atmósfera psíquica. Así pues, la perdida de tiempo y pensamiento, y la obediencia ciega a los niveles psíquicos al fin serán vencidas cuando uno se dedique verdaderamente a lo puro, a lo bueno.

La ouija, cartas del tarot, bolas de cristal, o cualquier objeto mecánico conectado con las artes psíquicas son juegos y baratijas astrales. Estos pueden ser utilizados por algún gurú astral u otra entidad atada a la tierra para penetrar una mente sugestionable, y así tomar posesión de la voluntad de la persona y manipularla como si fuese títere. Si uno ha empleado poderes ocultistas de manera negativa en vidas previas, tendra interes en adquirir poderes ocultistas por medio del uso de juguetes astrales.

La escritura automática, una de las artes psíquicas, invita a cualquier gurú astral o alguna entidad atada a la tierra a que tome posesión de uno. La escritura automática separa y hace cortocircuito en los sistemas nerviosos y musculares voluntarios e involuntarios. Cuando uno depende de la escritura automática, y la practica por largo tiempo, eso le abre a uno los portales psíquicos de la mente subconsciente, y pone uno en peligro la mentalidad. El proceso del pensamiento se desequilibra, ya que se trastorna la alineación coherente entre la voluntad, la memoria, y la imaginación.

Cuando un gurú astral o entidad espectral se apodera de una persona viva en el mundo, en verdad ya no se puede decir que su alma le pertenece al vivo.

La frustración sexual y la amargura del hombre abren la puerta para ser poseído por una entidad. Los celos e impurezas de una mujer en relación a su perspectiva sexual le abrirán la puerta para que sea poseída por una entidad.

Entre las entidades atadas a la tierra que aun vagan cercanos a la tierra están los egoístas degenerados que habitaron las tribus Indias del Oeste durante las últimas épocas de la Atlántida. Hay miles de tales Indios atados a la tierra que rehúsan reencarnar; debido a su conocimiento de leyes ocultistas de la antigua Atlántida, pueden resistir el oleaje de la reencarnación. Algunas personas en el mundo físico al tener poderes mediumisticos caen victimas de los descarnados y depravados Atlántes, y se convierten en sus hogares sepulcros. La entidad descarnada, al paso de los años, toma gradualmente posesión del cuerpo y sistema nervioso del médium; en lo sucesivo, la entidad controla los sentidos, los deseos, y los anhelos del médium.

Cuando las personas con tendencias al ocultismo—quienes han investigado los poderes súprasensoriales—viajan a Egipto, invitan el interés de los sacerdotes atados a la tierra de Egipto, particularmente de los sacerdotes-funerarios de los muertos. El lugar donde se encuentran más entidades atadas a la tierra, que existe en el mundo, es en el Valle de los Reyes en Egipto. Muchos de los antiguos sacerdotes-funerarios de los muertos Egipcios, entendiendo las leyes ocultas, sub-etericas, al igual que las leyes de la reencarnación y de la re-personificación, aun permanecen en el ambiente del Valle de los Reyes en Egipto. Haciendo uso de la invocación, y el control de las criaturas etericas elementales, los sacerdotes-funerarios del antiguo Egipto encerraron a miles de personas al estado de estar atado a la tierra—sometiéndolas en un sueño en penumbras por siglos, y evitando que volvieran a nacer al mundo. Cuando el hombre comenzó a profanar las tumbas de los muertos en Egipto, violaron los precintos protectores de los muertos y ofendieron a las criaturas etericas elementales; los sacerdotes-funerarios atados a la tierra y los elementales se revelaron contra los intrusos, frecuentemente causandoles la muerte o alguna experiencia psíquica aterradora.

Algunos de estos sacerdotes-funerarios de Egipto han reencarnado, y viven en el mundo hoy en día. Se pueden hallar en varias partes de la tierra, especialmente entre aquellos que estan extremadamente interesados en los fenómenos psíquicos. Tales personas pueden ser reconocidas por su conocimiento de la anatomía del cuerpo humano y por su interpretación ocultista y diagnostico de las enfermedades y padecimientos. Los antiguos sacerdotes-funerarios, habiendo sido de la orden sacerdotal profana cuando vivian en Egipto, se les evitó que obtuvieran conocimiento de los misterios superiores de Atlántida. En la vida actual, solo se interesan en las fuerzas ocultistas y en la práctica de los fenómenos. No les es posible entender la ética espiritual que acompaña el uso de tales poderes; por eso no pueden asimilar las enseñanzas del Cristo.

En el antiguo Egipto, aquellos que fueron iniciados en los misterios superiores de la Atlántida se les ha sido permitido romper el sello de la tumba que los tenía atados a la tierra, y a reencarnar al tiempo rítmico que sus almas necesitaban. En el siglo actual, los iniciados que dominaron los misterios superiores de la Atlántida llevan la luz para los hombres del mundo. Se hayan donde hay liderazgo espiritual puro.

EL MUERTO ATADO-POR-LA-GRAVEDAD

Hay muertos extrovertidos e introvertidos. Los muertos extrovertidos son aquellos aun atados a la tierra; el muerto introvertido es el que está atado-por-la-gravedad. Después de los suicidas, los muertos atados-por-la-gravedad son los más patéticos de todos.

Cada vida está sincronizada con la necesidad de ganar y aprender. Quien desperdicia su tiempo, su energía, y su ingenio en el mundo terrenal es un derrochador, y se daña solo a sí mismo. Una vida terrenal apática crea un vacío en el cielo. Cuando la persona voltea su cara hacia el cielo después de muerta, tendra que enfrentar ese vacío.

Los difuntos atados-por-la-gravedad son víctimas de su propia inercia y de sus sentimientos languidos. Ya que sus emociones son estériles, vacías, o insensibles, no pueden de responder ala oración de los vivos ni a la ayuda que se da en el mundo de los muertos. Los muertos atados-por-la-gravedad, al carecer de sentimientos y conciencia para arrepentirse de sus acciones y obras de su vida anterior, son los muertos inmóviles.

La inercia de la vida terrenal recien pasada, expuesta a las velocidades de las cavernas del purgatorio, produce el tono de dolor sobre las antenas del consciente. Aquel que rehúsa a responder a la vida mientras está en su cuerpo físico es un mayor pecador y erra más que el que desafia la ley por celo y egoísmo ciego; ya que cuando uno se desenvuelve en el mundo físico tiene la oportunidad de aprender de sus errores. Pero cuando uno se rehúsa a ser enseñado o a funcionar en harmonia con el mundo en el que se encuentra, ofende al Principio de la Vida y las Leyes de Dios.

Cada persona nace dentro de cierta era en el tiempo, en un cierto lugar, expuesto a las leyes de la Naturaleza, a ambientes personales, a la sociedad. Si no se mueve con la onda de aquello que le es ofrecido, el resultado es remordimiento en el cielo, y un periodo prolongado o demorado entre sus nacimientos hasta que pueda retornar nuevamente a la tierra con vigor, expectativas, y esperanza.

La experiencia después de la muerte para

una persona parasitaria o apática está supervisada y dirigida por los Hombres en Vestimentas Blancas durante periodos prolongados. Las personas que entran al mundo de la muerte carecientes de tesoros espirituales de su vida recientemente pasada caen en extensos periodos de contemplaciones de auto-acusación.

La persona atada-por-la-gravedad no puede comunicarse con los vivos; solamente se interesa por sí mismo durante la experiencia del mas allá de la muerte. La gravedad-sutil del mundo del purgatorio le conduce hasta las cavernas del purgatorio, donde es sometido a una inducción sutil para que se produzca animo en sus sentimientos y en su conciencia. Lo que ha descuidado en sus emociones es acentuado y exagerado dentro de las cavernas para que eventualmente sea vivificado y por lo tanto, responda a la instrucción superior que le espera.

LOS ANIMALES DESPUÉS DE LA MUERTE

Los animales viven después de la muerte. También los animales reencarnan. Si un animal domestico siente afecto por su antiguo amo, la devoción hacia su amo y el amor a su ambiente hara que el animal se quede atado a la tierra. Sin embargo, esta condición de estar atado a la tierra resultará un beneficio para su amo, ya que el animal, después de morir, cuenta con cierto poder de protección. Un animal después de morir, al proteger un ambiente previo, le puede lanzar una advertencia y una carga eléctrica contra el intruso. Sin embargo, a su tiempo, los Ángeles de las Especies dirigen al animal que ha muerto hacia otro impulso de nacer, y el animal regresa a la tierra.

Cuando los animales reencarnan, no cambian de su especie. De vida en vida permanecen siendo domésticos o salvajes; un perro continúa renaciendo en la especie canina, y un gato en la especie felina.

Hasta que el hombre no domesticó ciertos animales, los Ángeles de las Especies evitaron el cruce entre las especies para mantener pura la raza. Desde que el hombre tomó la responsabilidad por sí mismo de cruzar las especies de animales, los animales domésticos pueden nacer de otra raza, pero la especie del animal permanece igual. Así que, un fox terrier de la especie canina puede ser en su próxima vida de otra raza canina, tal como un buldog.

Como los animales carecen de conciencia están exentos de la experiencia del purgatorio después de la muerte. Cuando los animales mueren, son atraídos a la matriz de la especie-animal, sobre la cual velan los Ángeles de las Especies y los Ángeles de la Fauna. En la matriz de las especies, los animales absorben el significado del reino animal y su propósito en el mundo. Los Ángeles de las Especies les enseñan que su papel en el mundo físico es un papel de sacrificio. Según el hombre va evolucionando a grados superiores, las especies salvajes del reino animal iran desapareciendo de la tierra, y los animales domésticos serán mas grande rareza. Eventualmente los Ángeles de las Especies retiraran todos los animales de la tierra.

Después de la muerte, los animales salvajes absorben un impulso de super vivencia revitalizante para que lo usen en sus proximas vidas. Los animales domésticos conocen los mecanismos de la vida del hombre y en algunas ocasiones permanecen con el hombre en las cavernas de los muertos no ascendidos, y tratan de hacer de estos lugares su hogar.

Cuando el amo de un animal muere antes que el animal, el amor del animal devoto por su amo le permitirá unirse con su amo donde quiera que esté en la vida después de la muerte.

7.

LOS MUERTOS VIVIFICADOS

Los registros de los libros de la muerte se leen en la luz azul profundo por aquel que se prepara a ser uno de los muertos vivificados. En los Pabellones de Luz el muerto vivificado recibe la gracia refrescante del ungimiento. El alma le dice al muerto vivificado: "Mirad hacia el este; aun como el este es el nacimiento del sol, así también al hombre le llega su nacimiento del este. Voltea vuestra cara hacia el oeste si has de aprender del morir. Y voltea vuestra cara hacia el este si has de aprender del nacer".

La congregación más numerosa que se encuentra en el estado después de la muerte es la de aquellos que han sido lentos en responderle a sus almas durante la vida, pero sus errores y faltas no fueron cometidos a fuerza de maldad. Cuando los muertos no ascendidos que no se han arrepentido concluyen la experiencia del purgatorio, se convierten en muertos vivificados. El aceptar la instruccion del purgatorio, aunque no les exenta de la rectificación futura en la próxima vida, les libra del sentido de culpabilidad en relación con sus malas obras de vidas anteriores. En la próxima vida, entran al mundo aceptando la disciplina, y su conciencia les guía para evitar cometer los mismos errores otra vez. Aquellos quienes no han respondido a la instrucción en las cavernas del purgatorio nacen al mundo en su proxima vida sintiendo culpa en sus corazones y mentes, y traen resentimientos en cuanto a personas y condiciones.

Los muertos vivificados y los muertos ascendidos están conscientes del final de la experiencia del mas allá de la muerte y del comienzo de lo que ha de ser su próximo nacimiento. Los muertos no ascendidos que aún no se han arrepentido en las cavernas del purgatorio son sometidos a un sueño semejante al de cuando se está en el vientre hasta volver a nacer. Por lo tanto, no están conscientes de la transición entre el purgatorio y el próximo nacimiento.

Los muertos vivificados están en los Pabellones de Luz, los cuales están situados en proximidad al Primer Cielo. Los muertos vivificados contemplan los reflejos del cielo, e y por intuición saben que hay presencias celestiales cercanas a ellos. Están conscientes de los ángeles y músicas del cielo, pero no las experimentan de la misma manera que los muertos ascendidos. Los muertos ascendidos están dentro de la luz;

los muertos vivificados contemplan la luz.

En los Pabellones de Luz, no existe el dolor ni la pena; los muertos vivificados experimentan la dicha que se refleja desde los estados celestiales superiores. Muchos de los reportes místicos acerca del cielo se refieren a los Pabellones de Luz. Las calles doradas, las puertas del cielo, las presencias angelicales, la música—todo esto se refiere a los Pabellones de Luz.

Cuando alguien mientras vive en el mundo físico logra penetrar en espiritu al Pabellón de Luz en sus sueños o mientras duerme, anda entre los habitantes del Pabellón de Luz. Este recibe dentro de sí la dicha de este lugar fulgoroso. Está consciente del estado de armonía, de paz—y más, de anticipación; ya que los muertos vivificados dentro del Pabellón de Luz se estan preparando para regresar al mundo, y la emoción superior es el anticipar con gozo el nacer.

Cuando uno está en la agonia de la muerte, a veces ve las caras de los muertos vivificados, que se están preparando a regresar al mundo. También, cuando uno medita, puede ver las caras de aquellos que se preparan para nacer. Una persona mientras vive en el mundo, y que tiene el poder de vuelo-nocturno, frecuentemente contacta a los muertos vivificados en los sueños.

Las emociones y pensamientos de los muertos vivificados, que estan siendo preparados para nacer, están colmadas del deleite de llaser dentro de la luz que les llueve desde el cielo. La lectura del registro de vidas pasadas de su alma (que les revela la justicia de la ecuación de Dios), la luz del cielo, que es reflejada, deciende sobre sus cuerpos perdurables, y la instrucción recibida en las Salas de Aprendizaje—todo prepara a los muertos vivificados a regresar al nacimiento físico.

De vez en cuando los muertos vivificados son llevados por sus Ángeles de Registro al reflejo de los Archivos de la Vida, Muerte, y Nacimiento. Aquí se les enseña por qué hay una existencia física, por qué el hombre debe morir, y por qué es necesario que hayan numerosas vidas.

El tiempo que se pasa en los Pabellones de Luz se puede comparar a los primeros años de la vida en el mundo físico. Este es un periodo de ingenuidad y maravilla—un periodo desprovisto de duda y escepticismo. Al igual que la experiencia del purgatorio fué una de soltar o limpiar, la experiencia en el Pabellón de Luz consiste totalmente de absorber o recoger.

Cuando los muertos vivificados están listos para nacer, sus Ángeles Guardianes y sus Ángeles de Registro los dirigen al estanque azúl del nacimiento, o a la matriz de pre-nacimiento. Al igual que la gravedad-sutil tiene el poder de atraer al hombre hasta adentro de las cavernas del purgatorio después de morir, hay una fuerza de gravedad al nacimiento o una atracción que se extiende y jala hacia la matriz de pre-nacimiento a los atados a la tierra, a los muertos aún no ascendidos, a los muertos vivificados y, en algunos casos, a los muertos ascendidos, durante las ondas mas fuertes de la reencarnación en el mundo.

Cuando hay mayores ondas fuertes de la reencarnación, los muertos no ascendidos que no se han arrepentidos son atrapados en la matriz de pre-nacimiento. Aun cuando algunos no han respondido a los estados progresivos de la vida después de la muerte, es la misericordia de Dios la que les permite regresar a la tierra para rectificar sus errores previos.

Los muertos no ascendidos que no se han arrepentido permanecen dormidos mientras estan en el estanque azul del nacimiento; estos experimentan la matriz de pre-nacimiento como un trueno interior sobre la mente subconsciente. Si la próxima vida ha de ser una de disciplina severa, se internan mas profundamente en ese estado-anestésico.

Los muertos vivificados están conscientes de la matriz de pre-nacimiento o el estanque azul de pre-nacimiento, y de sus Ángeles Guardianes y sus Ángeles de Registro. Están concientes de la próxima vida; el sendero de la vida futura se les tiende por delante. Sus talentos futuros y potencial para creatividad afectan sus sentimientos y pensamientos.

Una obra muy especial toma lugar entre los Ángeles Guardianes y los muertos vivificados antes del nacer. El Ángel Guardián le permite a uno el nacer al mundo con aceptación. El Ángel Guardián imprime sobre el nivel de la consciencia del registro del alma todo lo ocurrido en las varias cavernas del purgatorio, y les sella adentro la gracia de la instrucción recibida en las Salas de Aprendizaje dentro del Pabellón de Luz.

Los Ángeles de la Propagación conducen a los muertos vivificados para que entren al mundo por medio de las ondas ciclicas de de la reencarnación y de las generaciónes. Muchas personas, quienes no tienen la voluntad ni el deseo de volver a nacer, retornan a la tierra por medio de la ayuda de una fuerte onda de reencarnación. Durante una fuerte onda de reencarnación, hay grandes masas de la humanidad que nacen en la tierra, causando un aumento y explosión de la población humana. Los muertos no acendidos, no arrepentidos y que han de permenecer dormidos por siglos, son atrapados en las fuertes ondas de reencarnación.

Los hombres que son genios para la maldad no pueden reencarnar por su propia voluntad. Tienen que esperar que los traigan a la tierra las mas fuertes ondas de reencarnación. Aquellos que entienden ciencias espirituales pueden observar que cuando una civilización ha logrado máxima madurez, un núcleo de personas endurecidas malas y crueles nacen al mundo, y la civilización inicia su caída. Esta es la razón del por qué, en las grandes civilizaciones, hay gobernantes despiadados que son celebres por sus obras destructivas. Tales hombres son conocidos como *títeres del destino*. Sus ideas y acciones malévolas son un antídoto para la maldad cristalizados en la sociedad. Es conocido por todos los sabios que el mal debe ser destruido por el mal. Siempre que los hombres tengan la mas leve intención malévola dentro de sus corazones, invitaran la opresión de las autoridades dominantes y despiadadas. Estos episodios violentos dentro de la historia vienen para que los hombres puedan prepararse para obras de bien.

Cuando un hombre consta con faltas y errores ligeros, y tiene poca intención de abusar de su semejante, este reencarna con mayor frecuencia. El espacio entre cada una de sus vidas suele ser de cientos de años y a veces hasta menos. Sus inercias y sus errores son corregidos por medio de retos competitivos en el mundo.

Los muertos ascendidos están exentos de las ondas cíclicas de reencarnación, al igual que de las fuertes ondas de reencarnación; quedan en libertad de encarnar o regresar al mundo por su propia voluntad. Sin embargo, muchos de los muertos ascendidos optan por nacer durante las fuertes ondas de reencarnación; ya que descubren que es necesario que contribuyan su conocimiento y sus dotes para las urgencias de la época o el tiempo.

Mientras se encuentran en la matriz de prenacimiento, los muertos vivificados y los muertos ascendidos reciben avances del desarrollo de su futuro embrión. Con esto, aprenden que el alma se conecta con el cuerpo físico cuando el embrión se mueve dentro de su madre por primera vez.

En el estanque azul del nacimiento, o en la matriz de pre-nacimiento, todo quien se prepara para nacer se debe unir al registro de antiguas asociaciónes con antepasados en otras vidas. Esto se llama *coordinación ancestral.* Tal como Jesús eligió a la línea de David para Su descendencia, y a Maria y José como Sus padres, así mismo toda persona, con excepción de los muertos no ascendidos y no arrepentidos, llegan a estar cara a cara con su coordinación ancestral en la matriz de pre-nacimiento. Los muertos no ascendidos y sin arrepentirse duermen durante su coordinación ancestral en la matriz de pre-nacimiento. Estos no se dan cuenta del linaje ancestral por el cual han de nacer, y tampoco se dan cuenta de quiénes serán los padres quiénes les darán a luz.

Los muertos vivificados se unen al linaje sanguíneo que les aguarda para darles nacimiento, pero no están conscientes de quienes seran los padres que les traerán al mundo. Los muertos ascendidos estan conscientes de su linaje ancestral, y lo eligen con un propósito específico, para que la fuerza de los lazos de familia puedan suplementar sus obras en el mundo. Los muertos ascendidos también están conscientes de los padres quienes les daran a luz. Mucho antes del nacer pueden penetrar el ánimo y los pensamientos de sus padres futuros.

Las personas puras que viven en el mundo, que con sinceridad se dedican a ser canales sagrados para el nacimiento, invitan a los muertos ascendidos a nacer por medio de ellos. Aun antes de concebir, sus almas y su yo interior están conscientes del que está buscando venir al mundo. Sus deseos sin apasionamiento de tener un hijo se elevan y se unen con la dicha anticipada de alguien deseoso de traer los tesoros del Espíritu tal como son enviados desde el cielo.

Si uno duerme durante la coordinación ancestral en la matriz del pre-nacimiento, expresará en su próxima vida, o un reclamo fiero y posesivo en respecto a sus antepasados y lazos de sangre, o carecerá de respeto y sentimientos por sus padres y otros lazos sanguíneos. Si uno está consciente de su coordinación ancestral en la matriz del pre-nacimiento, y hace un acuerdo con su alma de aceptar las virtudes ancestrales y los defectos, será una persona responsable en la familia, y será leal a los lazos sanguíneos. Si uno siente rechazo por su registro ancestral, entrará al mundo resintiendo su conexión ancestral; y por toda la vida culpará a sus antepasados por sus faltas personales, deformidades, o defectos.

La infancia de los que han sido muertos vivificados es feliz, receptiva, alegre, y produce un amor más allá de lo que se puede definir en las vidas de los padres. La infancia de los que han sido muertos no ascendidos y no arrepentidos, es infeliz, con resentimientos, tempestuosa, y les traen intranquilidad y angustia a quienes les dan a luz. Aquellos que dan a luz a los muertos ascendidos son tocados por una levadura sagrada que vivifica la atmósfera familiar y acelera el desarrollo que se ha de ganar por medio de lazos familiares y de sangre.

A los hombres con poderes Divinos, tal como los Elegidos y los grandes profetas, no se les requiere que regresen a la tierra por encarnación de el mismo cuerpo o la reencarnación. Como regla, estos trabajan desde los reinos celestiales en vez del mundo físico. Las personas próximas a ser santos, y los hombres santos quienes sean salvadores menores, retornan al mundo a traer un mensaje Divino. Estos eligen tomar cuerpos físicos durante los momentos destructivos. Es su trabajo el enseñar a los hombres sobre la ética y sabiduría celestial, y el implantar en las mentes receptivas las semillas para las creencias espirituales.

8.

LOS MUERTOS ASCENDIDOS

Los remanentes de Dios, el puñado de Dios, trabajando para la causa santa, ganándose sus prendas sin costura de merito, se encuentran próximos a los Elegidos del cielo. Las oraciones santas salen desde el cielo diciendo, "O salva, protege y da socorro a este remanente bendito. Deja que la alabanza de sus obras se mantenga en el cielo y en la tierra. Y deja que este preciado remanente se atreva a hablar las palabras del Espíritu de la Verdad".

Hay un bóveda de arco iris de luz etérea y luminosa rodeando toda la tierra. Esta bóveda de luz pura se llama el Primer Cielo. Los Santos, los verdaderos Profetas, las Presencias Sagradas, los Elegidos, y los muertos ascendidos viven en esta región de luz pura. Los muertos ascendidos son un puñado de almas de Dios que viven cerca de los Claustros de Santos en el Primer Cielo. El Primer Cielo es el pórtico al Reino de Dios. Todos quienes habitan en el Primer Cielo están en comunicación con los estados superiores y exaltados del cielo.

Aquellos que han vivido en la tierra dentro de la ley de Dios, y que se han propuesto extender Su Palabra y Su Camino por medio de sus obras, entran al estado de muerte con libertad, ligereza, dicha. Sus obras de gracia les han permitido el ascender mas arriba de las cavernas del purgatorio. Al estar sus corazones contritos y tiernos, su afán sincero y su ética sin desvío, se encuentran después de la muerte en los corredores alumbrados de los muertos ascendidos, donde, en el esplendor de música grandiosa, su visión del verdadero cielo es al fin realizada y confirmada. Si los muertos ascendidos han conocido el sufrimiento o las penas durante las vidas físicas, estas son mitigadas en una atmosfera sagrada o en la proximidad de los Santos, en donde se les da consuelo y alivio para que ninguna pena que quede se les pueda adherir a sus mentes o a sus corazones.

Los muertos ascendidos experimentan una anestesia sagrada antes de su despertar al cielo. Esta anestesia sagrada les permite a los muertos ascendidos ajustarse a la luz del cielo. El poder mismo de la luz del cielo sobre alguien que sea nuevo al cielo induce un sueño—un sueño que le da dicha al alma. Los muertos ascendidos, al estar tan cercanos de las presencias del cielo, son despertados uno por uno por sus Ángeles Guardianes y sus Ángeles de Registro. Después de despertar de esta anestesia santa, los muertos ascendidos se dan cuenta de los precintos o de las comunidades santas del cielo. Los muertos ascendidos se encuentran en las santas comunidades a las cuales hayan sido adaptados.

Los Hombres en Vestimentas Blancas se adelantan para darles la bienvenida y a instruir a aquellos que se encuentran en los corredores alumbrados de los muertos ascendidos. Los Hombres en Vestimentas Blancas los preparan para el momento cuando han de comenzar los auxilios para los recién muertos, y los mayores o cósmicos, auxilios telepáticos para los vivos. Le es revelado a los muertos ascendidos que, al igual que hay circunferencia, distancia, y relatividad en la tierra, en el cielo hay relatividades celestiales. También se les enseña que cada sistema solar o eternidad tiene su propio cielo, que consiste en muchos dominios y reinos.

Las fases variadas de instrucción en los corredores alumbrados de los muertos ascendidos son enviadas y descienden flotando al mundo de los vivos. Las personas en el mundo físico quienes tienen tendencias a lo espirituale y a la filosofía son influenciadas por esta instrucción durante las horas del día y a veces en los sueños por la noche.

Cuando los muertos ascendidos llegan a tener dominio de la ampliación de los procesos del pensamiento según son expresados en el cielo, entonces son llevados a la Sala de Registro, donde leen los registros de gracia de sus vidas anteriores y los registros de gracia de las vidas de las personas que han conocido íntimamente en la última vida recién concluida. La lectura de los registros de gracia continúa por un periodo de tiempo, para que los muertos ascendidos, por medio de una lógica ampliada, puedan incorporar a sus mentes *el Espíritu de la razón fundamental.* Esta es una razón fundamental más allá de la filosofía o la retrospección. El Espíritu de la razón fundamental brota de los Principios Fundamentales que han sido impuestos desde el comienzo del mundo.

Después de la lectura de sus registros, los muertos ascendidos reciben una protección sagrada. A partir de esto, es imposible para que los vivos hagan que se "aparezcan" o comunicarse voluntariosamente con los muertos ascendidos. Es posible lograr que se "aparezcan" los muertos no ascendidos; también es posible estorbar a los muertos vivificados. Sin embargo, ningún poder del ocultismo o psíquico, puede tocar o alcanzar a los muertos ascendidos ya que están protegidos.

DESCANSOS-INTERINOS

A intervalos regulares, los muertos ascendidos se apartan de la actividad de los muertos ascendidos y se someten a un descanso-interino, lo cual es una forma de sueño visual. En cuanto más cercanos a nacer están los muertos ascendidos más frecuentemente caen en el descanso-interino. Los muertos ascendidos deben someterse a descansos-interinos antes de nacer para que puedan prepararse para la próxima vida en la tierra. En esto no repasan su pasado, sino que pueden ver avances de su próxima vida.

Los muertos no ascendidos se someten a los descansos-interinos para modular lo severo de la experiencia del purgatorio. Si alguno de los muertos no ascendidos todavía tiene que morir a sus sentidos experimenta en los descansos-interinos un panorama visual y audible de hermosos ambientes. Esto viene de la misericordia de Dios, que le permite a la mente mas amargada el poder contemplar la belleza y lo bueno, para que en su próxima vida esté preparado para responder más a lo bello y a lo bueno.

En los corredores alumbrados, los muertos ascendidos usan las facultades-del-alma en vez de los sentidos. Los muertos ascendidos responden al panorama visual y audible en los descansos-interinos de manera diferente que los muertos no ascendidos. Los muertos ascendidos experimentan los sonidos y la luz como inteligencia. Sus emociones, libres para funcionar en el Primer Cielo, registran la música celestial como amor extático.

LAS ESTACIONES CÓSMICAS

Durante las cuatro estaciones cósmicas, ciertas energías espirituales (lluvia angelical) caen sobre los hombres, dandoles visión y asegurandoles de su conocimiento e intuición internos. Las cuatro estaciones cósmicas son el solsticio invernal, el equinoccio primaveral, el solsticio de verano, y el equinoccio otoñal. En cada estación cósmica, los Ángeles del Registro, los Ángeles Guardianes de los muertos, y el Arcángel* identificado con la estacion cósmica en verdad hace caer lluvia angelical desde el cielo.

Durante las cuatro estaciones cósmicas, los ángeles usan las energías de los planetas y el fuego planetario centrado en el interior de las joyas de la tierra para trasportar las telepatías celestiales a la humanidad. El hombre recibe estas telepatías por medio de su sistema nervioso. Sus pensamientos y emociones son tablas de resonancia para las telepatías celestiales. Las personas con emociones y pensamientos inmaduros reciben las telepatías celestiales como

** El Arcángel Gabriel, solsticio invernal; el Arcángel Rafael, equinoccio primaveral; el Arcángel Uriel, solsticio veranero; el Arcángel Miguel, equinoccio otoñal.*

una conmoción de la consciencia. Aquellos que viven de forma reverente reciben las telepatías cósmicas como un propósito renovado, vigor, dicha.

En las estaciones cósmicas, los muertos ascendidos y los Ángeles de Registro trabajan muy de cerca con los vivos. Los Ángeles de Registro les revelan ciertas verdades cósmicas a los que tienen inclinación a lo espiritual. Los muertos ascendidos son fortificados por los impulsos espirituales mayores que se derraman sobre la tierra; se les permite, en estos periodos, enviar libremente sus telepatías hacia los vivos. Los muertos ascendidos envían la certeza de la vida inmortal. Su amor celestial es enviado a sus seres amados en el mundo y fortalece a los vivos para que puedan aguantar sus pruebas, y les bendice—dándoles una súper-valentía para sobreponerse y vencer las pruebas severas del mundo físico.

Las telepatías de los muertos ascendidos entran en las mentes y los corazones y los asuntos de los vivos al momento preciso. Algunos que viven en el mundo reciben por intuicion este conocimiento y responden conscientemente. Otros que viven en el mundo, al estar menos seguros de la vida después de la muerte, interpretan esta ayuda como una casualidad sorprendente, o como alguna "buena suerte" dichosa y especial. Sin importar la creencia de los vivos, los muertos ascendidos se aproximan en intervalos y dan ayuda a sus seres amados, para que sus vidas en la tierra estén mas llena de esperanza, mas bendecidas.

Las telepatías cósmicas celestiales recibidas por los vivos durante cada solsticio y equinoccio se incrementan y se amplían durante aproximadamente dieciocho días. Las telepatías cósmicas le permiten a la persona espiritual el ver como las acciones externas de su vida se relacionan con el plan interior. Así puede medir y pesar los sucesos de su vida con conocimiento eterno.

SOLSTICIO INVERNAL

Durante el solsticio invernal, el Arcángel Gabriel levanta la cortina del panorama del nacimiento de Señor Jesús. Los vivos y los muertos que veneran la vida y la toman como sagrada experimentan un nacimiento espiritual de sus almas. Aquellos en la matriz de pre-nacimiento, los cuales anticipan dichosamente su nacimiento venidero, reciben una bendición de nacimiento. El verdadero drama del nacimiento de Señor Jesús les es revelado; en sus próximas vidas, entenderan la estrella de Belén, y el nacimiento de Señor Jesús será más que un mito o una parábola.

EQUINOCCIO PRIMAVERAL

El Arcángel Rafael acelera la actividad angelical durante el equinoccio primaveral o vernal. El drama de la resurrección y de la ascensión se experimenta en el cielo y en la tierra. Algunos de los muertos atados a la tierra son liberados de los estados de reclusión. Muchos de los muertos no ascendidos son atraídos para subir al estado de muertos vivificados. Los muertos ascendidos, que gozan por el poder de la resurrección, avanzan en una compañía poderosa para darle la bienvenida a aquellos que se elevan hacia la luz en el mundo de los muertos. El Arcángel Rafael causa conmoción en la imagen inmortal que reside dentro de los corazones de los vivos, y el Espíritu de el Cristo vivifica el potencial espiritual en las mentes de los hombres.

SOLSTICIO VERNAL

En el solsticio del verano, el Arcángel Uriel, acompañado por los Ángeles Guardianes y los Ángeles de Registro, dirige Su luz hacia la matriz de pre-nacimiento. Los hombres en la tierra se preparan para casarse y para engendrar hijos. A las familias les vienen a la memoria sus lazos sanguíneos. Los que habitan en el estado de muertos no ascendidos entran donde están reflejados los archivos ancestrales, ahí leen los reflejos de los registros de sus antiguas vias de descendencias sanguíneas. También aprenden acerca del río de la vida que sustenta los lazos de las familias y de la sangre. Los muertos vivificados que están listos para renacer son llevados a la matriz de pre-nacimiento en el solsticio del verano. Aquí se unen al lazo ancestral venidero, y coordinan la historia ancestral con los hábitos y el carácter de su vida futura. Los muertos ascendidos entran a los archivos ancestrales del cielo y contemplan el principio de la compulsion para la propagación del hombre en el mundo. Se les instruye sobre el matrimonio y sobre el verdadero propósito del matrimonio.

EQUINOCCIO OTOÑAL

Un énfasis especial en el arrepentimiento se coloca sobre ambos, los vivos y los muertos, durante el equinoccio otoñal. A los vivos y a los muertos se les ofrece la oportunidad, a través del Arcángel Miguel, de enfrentarse a sus deudas y de arrepentirse, o de repararlas. En el equinoccio otoñal los muertos vivificados, mientras están en la matriz de pre-nacimiento esperando nacer, leen los registros de sus vidas previas. Sus Ángeles Guardianes les dan a escoger tres caminos: 1) el camino de la disciplina de la familia y de los lazos sanguíneos; (2) el camino de la lucha y de autologro; o, (3) el camino de servir a la causa humana.

Durante el equinoccio otoñal, los muertos ascendidos dentro de la matriz de pre-nacimiento pueden, por medio del Arcángel Miguel, leer los registros de gracia de los mártires, los santos, y los profetas, y de hecharse por encima el manto de la gracia, para que no se aparten de su propósito en el mundo. Solo hay un camino para los muertos ascendidos que han renacido al mundo físico—el camino del sacrificio y del servicio. Tal como Juana de Arco, bajo la dirección del Arcángel Miguel, escogió el camino más difícil antes de nacer, igual así, todos los santos y mártires entran al mundo sin experar una vida de lujo ni comodidad. Cuando los muertos ascendidos viven en el mundo físico, estos escogen ambientes simples y humildes; ya que es necesario que la persona espiritual esté libre de estorbos materialistas y de encerramientos.

> *Mas ¿qué salisteis a ver? ¿un hombre cubierto de delicados vestidos? He aquí, los que traen vestidos delicados, en las casas de los reyes están. (San Mateo 11:8)*

LOS ILUMINATI

Una de las órdenes de más alto nivel de los muertos ascendidos es aquella de los Iluminati.

Los Iluminati son titanes de las artes. Son hombres avanzados quienes vivieron en el mundo y produjeron grandiosas obras de arte con las cuales les han enseñado a los hombres acerca de las realidades eternas y les han inspirado a llevar una vida espiritual. Después de la muerte, los Iluminati trabajan con los Hombres en Vestimentas Blancas para instruir a los muertos ascendidos y a los muertos vivificados que hayan sido destinados para producir obras de arte en vidas futuras. Los Iluminati también trabajan con los vivos que están en sazón para expresar sus potenciales para el arte. Los grandes proyectos de arte, tales como esculturas inmortales, música, murales, literatura, y estructuras arquitectónicas son inspirados por las telepatías de los Iluminati.

Los Iluminati están en comunicación directa y frecuente con los vivos. Si alguno de los vivos tiene conocimiento de la dirrección y supervisión de los Iluminati, este aprende que recibe su mayor inspiración durante ciertos momentos cuando las energías planetarias superiores son conducentes al arte, la belleza, el diseño, y la forma perfecta; ya que los Iluminati emplean los grados de luz superiores, que son extraídos de las energías de los planetas, para inspirar a aquellos que quieran dedicarle su genio a Dios.

ENERGIAS LUNARES DE PROPAGACIÓN

Durante ciertas fases negativas de la luna, los muertos atados a la tierra y los muertos no ascendidos, quienes tengan una fuerte retención ancestral, usan de forma inconsciente las energías inferiores para la propagación que provienen de la luna para penetrar las emociones y pensamientos de sus descendientes que estén vivos en el mundo. Esta penetración telepática ejerce una presión invertida sobre el sistema glandular de los vivos. Si uno es casado y no es feliz en su matrimonio, esto puede causar un disturbio, y, en ocasiones, una rompimiento en la vida emocional y matrimonial. Cuando los solteros reciben estas telepatías glandulares de los atados a la tierra o de los muertos no ascendidos, están mas propensos a realizar selecciones precipitadas o equivocadas para el matrimonio; ya que la compulsión para propagar será mayor que su habilidad para distinguir.

RECEPCIÓN ORDINARIA

Cuando Jesús dijo, "... deja que los muertos entierren á sus muertos" (San Mateo 8:22), El hablaba de los muertos ascendidos quienes dan la bienvenida o quienes reciben a los que acaban de morir. Los Hombres en Vestimentas Blancas y los muertos ascendidos trabajan en grupos ya que el poder de esas combinaciones amplía su auxilio para los vivos y los muertos. Cuando los muertos están listos para seguir más allá de la barra del paraíso hacia las corrientes mas profundas del purgatorio, los Hombres en Vestimentas Blancas y los muertos ascendidos se ven de dos en dos, sosteniendo y levantando a aquellos cuyos ojos aún están cegados por la luz brillante del paraíso.

Al instante de la muerte, algunas personas experimentan lo que se llama *la recepción ordinaria.* Al ver el mundo del cielo por primera vez, ven la cara amada y recordada de alguien a quien amaron y por quien sufrieron su muerte en una vida pasada. Los Hombres en Vestimentas Blancas auxilian a los muertos ascendidos para que lleguen al momento señalado de la muerte de un familiar o amigo amado. Cuando uno tiene la gracia de recibir ayuda de los Hombres en Vestimentas Blancas y de los muertos ascendidos, siente inmediatamente después de morir, que está en un ambiente natural; y, así entra en el estado de muerte con naturalidad y conformidad.

CIELO ANCESTRAL

La mayoría de la gente en el mundo cree en un cielo ancestral donde, después de la muerte, serán reunidos con sus parientes, familias, y sus antepasados. Cuando las personas están convencidas de que tomaran y continuaran en las mismas relaciones después de la muerte con aquellos quienes han muerto antes que ellos—sean esposos, esposas, padres, madres, hermanas, hermanos, o hijos—esta creencia impide el progreso de después de la muerte, y demora que se eleven en la vida del mas allá de la muerte. Los ángeles, los Hombres en Vestimentas Blancas, y los muertos ascendidos ayudan a tales personas a comprender que la vida después de la muerte tiene cinco estados: los muertos apartados, los muertos atados a la tierra, los muertos no ascendidos, los muertos vivificados, y los muertos ascendidos.

La creencia secular de que en la muerte uno se reunirá con su cónyuge o compañero—y que vivirán desde entonces dichosamente en el cielo sin importar sus desacuerdos en la tierra—les evita tomar parte en los ritmos progresivos que hay después de la muerte, y les pone en peligro de atarse a la tierra. Los Hombres en Vestimentas Blancas ayudan a tales personas a aceptar el hecho de que, si el ser amado está encerrado en las cavernas del purgatorio, es imposible que después de la muerte para el que acaba de morir pueda reconciliarse con su pareja previa. Sin embargo, puede que se le permita ver dentro de las cavernas del purgatorio donde el que este ha amado está detenido. En algunas ocaciones, este puede visitar las cavernas por un corto intervalo y hacer contacto con quien busca. Los Hombres en Vestimentas Blancas, los muertos ascendidos, y los ángeles de aquel que acaba de morir le permiten ver la causa, la necesidad, y la justicia relacionada al aislamiento de su ser amado.

Si el que ha muerto debe de ser sometido al estado de purgatorio, no puede estar con aquellos a quienes ama si aquellos han logrado el estado de muerto ascendido. Cuando alguien de corazón puro muere, este atraviesa el abismo del purgatorio, y se une con aquellos a quienes ama entre los muertos ascendidos.

> *Entonces respondiendo Jesús, les dijo: Los hijos de este siglo se casan, y son dados en casamiento:*
>
> *Mas los que fueren tenidos por dignos de aquel siglo y de la resurrección de los muertos, ni se casan, ni son dados en casamiento. (San Lucas 20:34,35)*

EL VELO-MADRE

Algunos de los muertos ascendidos en los corredores alumbrados trabajan con el Velo-Madre del cielo. Los muertos ascendidos del Velo-Madre trabajan con los Ángeles del Nacimiento para quitarles a los muertos el temor al nacimiento por venir, y trabajan con los Ángeles de la Muerte para quitarles a los vivos el temor de una muerte inminente. Durante el sueño nocturno, también visitan a los niños que están solos y abandonados en el mundo.

Una verdadera madre en el mundo por estar en todo momento conectada con el velo de la vida, recibe ayuda de los muertos ascendidos del Velo-Madre. El velo de la vida sustenta el amor entre la madre y sus hijos desde el nacimiento hasta la infancia y madurez. Aquellas madres que abusan la relación de madre-hijo se encuentran pesadamente cargadas en la vida del mas allá de la muerte. Durante la experiencia del purgatorio de tales madres, la intensidad de su amor-materno malogrado entra, en ocasiones, en los sueños de los hijos que aún viven en el mundo. Sus experiencias en el purgatorio preparan a estas mujeres para que paguen sus deudas en las vidas venideras haciendo algún sacrificio matriarcal.

Después de morir, las madres sagradas quedan telepáticamente unidas a sus hijos que están vivos en el mundo. Cuando llega la muerte, la influencia sobre sus hijos adquiere mayor fuerza en vez de disminuirse. Es posible para la madre sagrada el trabajar con el Ángel de la Guardia del hijo y continuamente guiarlo y dirigirlo durante los años juveniles del niño. Los Ángeles Querubines trabajan con estas madres para consolar a sus niños en momentos de soledad o abandono. Hay un cierto aroma de gracia que rodea a los niños sin madre, haciéndoles posible el soportar circunstancias y ambientes dolorosos.

Todos los niños huérfanos tienen una comunión cercana con sus ángeles. Si los padres que han muerto no tienen la gracia para ayudar a sus niños después de la muerte, los ángeles y los muertos ascendidos que trabajan con el Velo-Madre protegen y amparan a estos pequeños.

Si un padre o una madre, que son de los muertos ascendidos, se les permite por la gracia de Dios el proteger y velar por su niño para consolarlo, para despertar su imaginación, y para vivir en su mundo de sueños durante el día y por la noche. Cuando un niño está dirigido por padres que son de los muertos ascendidos, invariablemente recibe ayuda poco usual de otras personas que viven en el mundo. El niño pudiera ser adoptado en un hogar donde unos padres adoptivos amorosos lo protegerán y lo guiarán. También, ciertos talentos y dones pueden ser alimentados por la ayuda celestial como fué enviada por sus padres.

LOS MUERTOS ASCENDIDOS Y SUS TELEPATÍAS BENÉFICAS

Los muertos ascendidos usan sus telepatías benéficas para sanar y auxiliar a los enfermos. Los muertos ascendidos trabajan con los Ángeles Guardianes de los vivos para advertirles de peligros y accidentes; en ocasiones envían telepatías de aprehensión a la muerte, preparándole a uno para su fallecimiento o muerte. Los muertos ascendidos también trabajan para confortar las mentes intranquilas y ansiosas mientras deurmen. Cuando el que vive en el mundo está consciente del vuelo-nocturno, hay periodos en los que trabaja directamente con los muertos ascendidos para darle consuelo a aquellos que sufren por los muertos.

Los muertos ascendidos colaboran con los santos para enviarles fragancias sagradas a los vivos. Estas fragancias son introducidas en las fatigas de sus seres amados. En ocasiones, los vivos están conscientes de estas fragancias celestiales, o aromas de rejuvenecimiento.

Una de las formas en que los muertos ascendidos alcanzan los pensamientos de los que aman es enviando un recordatorio por telepatía que les traiga a la memoria músicas relacionadas con recuerdos del pasado. Cuando los vivos escuchan interiormente una tonada de música favorita de sus recuerdos, el recordatorio establece una corriente de ideas asociadas con aquel que ha muerto; esta es una telepatía benéfica de los muertos ascendidos que confirman su proximidad y su ayuda.

Cuando un estadista muere, este permanece intranquilo en las cavernas de los muertos no ascendidos si es que ha abusado el poder de su autoridad y si ha comprometido a su país o nación. En el purgatorio trabaja para recuperar su ética, y para igualar su trabajo disparejo en la tierra. Al verdadero hombre de estado, que se convierte en muerto ascendido, se le permite trabajar con el arquetipo de su nación previa, y, por medio de telepatía benéfica, el asistir y supervisar a otros estadistas dedicados dentro de su nación.

Cuando el hombre está listo para un nuevo impulso religioso, un profeta verdadero nace al mundo. Cuando el profeta muere se convierte en uno de los muertos ascendidos y continúa su instrucción a través del poder telepático de los muertos-ascendidos. Después de morir, mantiene una telepatía sin interrupción con quienes siguieron su palabra. Su vigilancia telepática sostiene la vitalidad de las ideas religiosas. El profeta se hace cargo del cuerpo religioso hasta que las creencias estén bien establecidas en el mundo, y hasta que uno de la compañía de sus creyentes alcance la madurez para heredar el manto del liderazgo.

BODAS BENDECIDAS POR LOS MUERTOS

Cuando los muertos vivificados y los muertos ascendidos se preparan para volver a nacer, en ocasiones, son testigos del rito del matrimonio de quienes serán sus padres. Los ángeles de aquel que va a nacer y los ángeles de aquellos que le darán el nacimiento, bendicen los sacramentos o ritos del matrimonio. Se nota a menudo que en tales bodas ha habido una reverencia poco usual o sentimiento de amor que emana del ambiente. Durante la ceremonia del matrimonio, los que están presente, que reveren el estado de matrimonio, reciben bendiciones para sus propios matrimonios.

EL PROPÓSITO DEL HOMBRE

Muchas personas creen que se convierten en ángeles después de morir. Los hombres nunca se convertirán en ángeles. El hombre tiene un dominio; los ángeles un reino. El reino angelical ha logrado su perfección; el hombre aun tiene que lograr su meta.

Todas las cosas con anima e las inánimes de la tierra están hechas de átomos que particularizan, identifican y detallan su intención y existencia. El átomo del hombre y el átomo de los ángeles son de diferentes grados de luz. El hombre nunca será un ángel. Es una criatura, una persona, y un ser. Por medio de existencias incontables, el consciente del hombre es sometido a una transición y cambio incesante. El propósito del hombre y su flujo constante de desarrollo en este sistema de eternidad es para que produzca una clase única de consciente. El hombre es afortunado en que es acompañado por los ángeles, que lo escuden, lo protegen, y lo pastorean en la vida y la muerte.

> *Tú le hiciste un poco menor que los ángeles. . . (Hebreos 2:7)*

Los Verdaderos Santos, que habitan en los Claustros de los Santos en el Primer Cielo, no regresan al cuerpo, o reencarnan. Entre los muertos ascendidos, hay algunos que están próximos a la santidad y son llamados *los dignos*. En época de crisis, los dignos escogen volver al cuerpo o regresar a la tierra. Ciertos dignos han sido titulados "Santos" por los hombres del mundo. Si han de haber oraciones-peticiones voluminosas que se alzan hacia los dignos, estas peticiones causan que los dignos se detengan en el mundo de los ascendidos y así demorandole su regreso a la tierra.

Una verdadera oración se convierte en un vehículo viviente en el cielo. Toda oración pura se eleva hacia los Claustros de Santidad del cielo. Las oraciones verdaderas son recibidas y diferenciadas en los siete claustros de oración de los Santos. Si una oración no llena las necesidades del alma, y se refiere a los deseos egoístas de una persona, esta oración no puede elevarse más allá de la sombra oscurecida de la luz del alma de uno. La respuesta o contestación a la oración debe esperar el momento en que la ética se haga igual al deseo. Si las oraciones se basan en fe, y estan hechas con una alianza especial, estas oraciones se elevan hacia la vestidura o la proximidad del Señor Jesús. Tales oraciones reciben respuestas milagrosas.

Los muertos ascendidos están familiarizados con la fuerza e impulso de la oración. Estos consideran la oración de los hombres, las ayudas angelicales que acompañan a la oración, y la diferencia de los varios grados de oración. Los muertos ascendidos, cuando simpatizan con alguna necesidad de la tierra, trabajan con los Santos en la transmutación de la oración. Los Santos transforman toda oración pura elevándola al vestidura del Señor Jesús. Jesús y Sus discípulos habitan en el Tercer Cielo o el Reino de Dios. Todo aquel que le reza al Padre en el nombre de Jesús recibe en abundancia.

A los muertos ascendidos, antes de volver a nacer, se les instruye acerca del Segundo Cielo donde habitan los Grandes Inmortales, quienes son parte de los Elegidos. En esta instrucción, los muertos ascendidos aprenden acerca de los Ángeles Planetarios, de la Hueste o Jerarquía. Durante este periodo, estos incorporan en sus cuerpos eternos los prismas más finos de la luz espiritual, que les protege y les prepara para iniciaciones futuras en el mundo.

Porque Cristo para esto murió, y resucitó, y volvió a vivir, para ser Señor así de los muertos como de los que viven. (Romanos 14:9)

9.

LA ECUACIÓN DE DIOS

Tejemos hoy en el telar poderoso de la vida y la muerte. Cantamos nuestra canción, y movemos la lanzadera vertical, horizontal—la cruz de la vida. Seguimos el patrón lanzado imitando a las estrellas innumerables. Pausamos, y seguimos tejiendo. Pensamos en el Día de Saturno, y de nuestros Muertos Amados. Los sellamos en la vida, amor, luz, el salir adelante en memoria de Dios hacia otro día. Tejemos un diseño hasta el Día del Descanso.

El hombre no está en la tierra sin propósito alguno. Él vive para crear. El plan de Dios es variedad infinita, para que el hombre se haga versátil, sea ampliado, creativo. Cada vida es un patrón similar a la de las otras vidas; aunque, por necesidad, cada una contiene algo diferente. Aquel que pierde la esperanza, pensando que una sola vida es todo, no ha visto la Luz.

El cuerpo del hombre no es mas que una cubierta para la llama del alma. Cada uno que entra al mundo ha recibido órdenes de su alma para seguir adelante la jornada, para descubrir, para experimentar, y para crear. Si falla el recordar la formula para la vida, cae en estados patéticos.

En el mundo de los muertos, no hay ni castigo ni condena; todos son instruidos con amor. El tema de la justicia y misericordia nunca está ausente. Cuando uno se ha resistido a lo que la vida le ha ofrecido, su comprensión después de la muerte es lenta y sin consciente. Las palabras de instrucción les son repetidas en la mente una y otra vez hasta, que con el tiempo, ocurre la absorción.

Uno de los atributos mas grandes que Dios le ha dado al hombre es el poder de elegir y el uso de la voluntad. Aun estando muerto la voluntad del individuo se mantiene intacta. Uno puede escoger o no el recibir la ayuda de los Hombres en Vestimentas Blancas. Los Hombres en Vestimentas Blancas nunca le retiran su ayuda a los muertos. Su instrucción, aunque parecen estar desatendidas por los muertos atados a la tierra o los muertos dormidos, se imprime en sus emociones y sus pensamientos.

En el mundo físico, existen los reflejos del cuerpo; en la vida después de la muerte, hay los reflejos del alma. Después de la muerte, la pulsación del alma se convierte en el latido del corazón del cuerpo eterno. Los ángeles, los muertos ascendidos, y los Hombres en Vestimentas Blancas auxilian al que ha muerto a que se oriente a como usar su cuerpo eterno y el ambiente en que ha sido colocado después de haber muerto. Si uno cree en la vida después de la muerte entonces tiene mejor dominio de su cuerpo eterno, y se siente como en su casa en el mundo de después de la muerte.

El poder del alma no temporiza ni tampoco compromete. Durante la vida y la muerte, el poder del alma trabaja continuamente para modular y ajustar. Si la persona se descarría durante su vida en el mundo físico, y su corazón no es contrito después de morir, el poder del alma debe ajustar el peso de las tinieblas que ensombrece la conciencia. Las obras de crueldad y de malicia son consideradas después de morir en la báscula del alma. Una persona cruel encuentra muy difícil el arrepentirse completamente en el intervalo después de la muerte. Cuando una persona cruel retorna al mundo, se le da la oportunidad de resolver algunas de las deudas que incurrió durante la vida de desviación premeditada contraria a la intencion del alma. Altas deudas incurridas durante una sola vida en el mundo físico suele requerir muchas vidas para rectificación y ajuste.

El registro de las malas acciones de cada uno es grabado en el borde externo de su medallón del alma. Esto causa una nota discrepante, que se llama *hum vibratorio*. Cuando el hum vibratorio del medallón del alma está congestionado, uno permanece muy cerca de la tierra después de morir y queda, o atado a la tierra, o se hace parte de los muertos no ascendidos. Sobre el área luminosa del medallón del alma, están impresas las buenas obras de uno. Cuando hay mas acción de la gracia que la actividad del hum vibratorio, el cuerpo perdurable se libera para ascender después de morir y entrar en las dimensiones del cielo; en tales casos, la persona se une a la compañía de los muertos ascendidos.

La Palabra de Dios contiene siete grandes tonos creativos. Estos tonos trabajan con el alma del hombre. Cuando el hombre y su alma se hacen uno, este responde a la Palabra de Dios con mente noble y con el corazón lleno de amor. Las Leyes de Dios, y las disciplinas que brotan de ahí, son el resultado del tono de Saturno cayendo en la tierra. En cada vida el hombre aprende a dominar algo del sombrío tono de dolor de Saturno en la tierra. Este tono es correlativo con la nota de "Fa" en el teclado de música. Cuando el hombre por su propia voluntad obedece las leyes de Dios, se puede comunicar con el "Padre Nuestro que estás en los cielos." Aquel que domina el tono de "Fa", o se hace uno con el Padre, ha de ganarse el poder de la resurrección y no ha de volver a conocer la segunda muerte, sino ha de entrar como verdadero obrero en las viñas de Dios.

> *Al que venciere, daré á comer del maná escondido, y le daré una piedrecita blanca, y en la piedrecita un nombre nuevo escrito, el cual ninguno conoce sino aquel que lo recibe. (Apocalipsis 2:17)*

Dentro de la ecuación de Dios, hay tres leyes. Estas pueden ser llamadas controles y equilibrios dentro de la Voluntad Eterna. Son la Ley Justa, la Ley Correcta, y la Ley Buena. La Ley Justa impone la disciplina causada por la desviación en las vidas pasadas y la vida presente. La Ley Correcta instruye, describe, e interpreta la Voluntad de Dios. La Ley Buena regula la gracia para el que observa y que cumple hace la Voluntad de Dios.

La muerte llega bajo la Ley Correcta. La Ley Correcta funciona en sincronìa con el tiempo del alma. El poder ver las deudas de vidas pasadas después de morir se efectua por medio de la Ley Correcta.

La Ley Justa le enseña al que ha muerto a aceptar la corrección de malas acciones como "justa" para él. La Ley Correcta le revela como puede vencer sus deudas. Y la Ley Buena le muestra el resultado armonioso por haberse cumplido esta acción tríada dentro de la Voluntad de Dios.

Cuando uno se ha ganado las virtudes por sus propias obras en la tierra, entonces regresará a la tierra como hombre virtuoso que se toma la responsabilidad de asumir las cargas de aquellos que aun no pueden comprender la ecuación de Dios.

LA SANTA ANESTESIA DE LA MUERTE

Si la persona que se encuentra en estado de muerte ha vivido una vida de pureza—y se ha ganado la gracia por medio de sus obras buenas—a los que están cercanos y a su lado durante sus horas de agonía se les es permitido unir sus oraciones con la gracia del que se está muriendo. Los Ángeles de la Muerte entonces se aproximan y le inducen la santa anestesia de muerte y edifican un pasillo de luz para la bienvenida del que se está muriendo.

TESTAMENTO DESPUÉS DE LA MUERTE

Hay algunos, que por falta de sentido practico, mueren sin haber hecho provisiones financieras para sus seres amados que aun viven. Tales personas, después de morir, no pueden descansar, o estar en paz con ellas mismas. Si su amor por los seres vivientes, fuese suficientemente grande, se les da el poder de hacer un testamento después de morir. Por medio de poderes telepáticos, les pueden enviar sus pensamientos a los vivos, mostrándoles como pueden usar ciertos recursos escondidos. Los muertos lleno de amor son dados la gracia de estar cerca y de ayudar al ser viviente hasta que el testamento hecho después de la muerte sea consumado.

ANIVERSARIO DE LA MUERTE

Hay un resurgimiento de la memoria entre los vivos y los muertos que ocurre cada año en el día que uno murió. La ola-solar anual, que labora con las almas de los hombres, afecta a los vivos y a los muertos. En la ola-solar, hay un periodo breve de unión entre el alma del muerto y el alma del que aun vive. Esto se siente de forma aguda cuando ha habido un vínculo cercano de amor puro, o cuando algo ha quedado sin resolver por odio profundo. En el aniversario de la muerte, los vivos pueden utilizar el impulso de la ola-solar para darle vitalidad a sus oraciones por los muertos.

CUMPLEAÑO DE LOS MUERTOS

Cuando alguien que ha muerto no se sometió a la segunda muerte, y continua viviendo en las memorias de la vida-previa, ocurrirá que en la fecha del cumpleaños de su mas reciente vida habrá una fuerte compulsión telepática entre el muerto y aquellos vivos que son familiares de su misma sangre. Esto se experimentará dentro de los pensamientos, y en ocasiones dentro de los sueños de los vivos. En este significativo aniversario de su cumpleaños, la sombra del lamento por los años desperdiciados de la vida previa (del muerto no ascendido) tiene el poder de penetrar y deprimir los pensamientos de los vivos.

Aquellos que se han convertido en muertos vivificados, o muertos ascendidos, y aquellos quienes han sido santificados en el cielo, tienen el poder de enviar una bendición telepática muy especial al mundo en los aniversarios de cumpleaños de su reciente vida.

10.

EL CUIDADO DE LOS MUERTOS

¿Quién es competente para hablar de la muerte? Solo aquel que tiene recuerdos de las experiencias entre la muerte y el nacimiento es competente para hablar de la muerte. Solo aquel que cuenta con el poder Ritual de Saturno, que se le dio a principio de esta eternidad, puede dar consuelo a los que duelen por los muertos. Aquel que tiene la gracia de recibir el Ritual de Saturno en su muerte tiene el poder de morir con naturalidad; se suelta hacia los Ángeles de la Muerte en paz. El que no tiene la gracia de recibir el verdadero Ritual de la Muerte debe pues mirar las caras de los Ángeles del Purgatorio. Los Ángeles del Purgatorio tienen muchas caras. Si uno esta con tristeza, los Ángeles del Purgatorio ponen cara de tristeza. Si uno tiene conciencia, los Ángeles del purgatorio ponen cara de conciencia.

Quienes poco entienden acerca del alma, y acerca del tiempo del alma, a veces ofenden la ética en cuanto al cuidado de los que están al morir. Cuando el Ángel de la Muerte ya está dispuesto a llevarse al moribundo y atravesar las puertas de la muerte, y si los vivos intentan interferir con el tiempo propicio de su muerte, es una ofensa para el que está muriendo. Las pueblos primitivos del mundo han retenido cierto conocimiento en cuanto al cuidado de los que están muriendo y de los muertos. Entre más culta la gente, menos entendimiento hay sobre el cuidado de los que se están muriendo y de los muertos.

En la edad científica, los hombres están en peligro de ofender a la ética de la muerte. Al aparecer dolorosas e incurables enfermedades en el mundo, los hombres con habilidades científicas hay veces que son tentados a usar sus conocimientos para aplicar la eutanasia o muerte misericordiosa. Cuando una persona le precipita la muerte a otra, por su propia mano, el mandamiento, "No matarás," es ofendido. También, cuando cualquier agente humano intenta extender la vida más allá del limite de tiempo que ha sido ordenado por el alma, las personas que se están muriendo se convierten en victimas de una misericordia a ciegas. Cuando la vida se extiende más allá del tiempo del alma, el que está muriendo es sometido a una dolorosa experiencia en el purgatorio, estando aun dentro de su cuerpo.

Los hombres están cercanos a muchos descubrimientos nuevos que le beneficiaran por medio de la ciencia. Sin embargo, ningúna persona humana, no importa sus habilidades o su conocimiento anatómico, puede, con verdadera ética, alterar las leyes de Dios. Aquellos que interfieren con el propósito del alma, en la muerte o en la vida, le abren la puerta a lecciones trágicas para ellos mismos.

Todos los que sirven a los débiles y suministra a los que están al morir y a los muertos, gradualmente llegan entender las éticas en el cuidado de los enfermos y de los muertos. En la ultima parte de la edad de la ciencia, un poderoso impulso de misericordia vendrá al mundo. La función del alma será menos misteriosa y será mejor comprendida. El cuidado de los enfermos y el de los muertos serán expresados más sagradamente, más reverentemente.

El embalsamar, o preservar el cuerpo físico después de la muerte, es un arte antiguo. El propósito original de embalsamar era el de mantener al muerto cerca del ambiente de su vida física y para demorarle el reencarnar.

Es gracia cuando una persona no es embalsamada. La coordinación entre la muerte y la vida del mas allá de la muerte es una necesidad para el que muere. Si esta coordinación es perturbada—al embalsamarle, por una cremación prematura, o por un entierro prematuro—entonces hay angustia y confusión en los pensamientos, y sufre uno desorientación en el mundo de los muertos.

El descanso y la tranquilidad son indispensables en los tres días después de la expiración del aliento del cuerpo físico. Si una persona es embalsamada durante los tres-días del reposo después de la muerte, esto distrae el que ha muerto e interfiere con la retrospección después de la muerte. Una persona embalsamada también encuentra mas dificultad en ensamblar las facultades de su alma después de morir.

El cuidado sagrado de los muertos está haciendo entrada lentamente en el mundo. Los vivos se están inspirando a auxiliar a su ser amado fallecido haciendo que el cadaver sea tendido en un lugar fresco por un periodo de tres días y medio* después de la muerte. Después de esos tres días y medio, el cuerpo físico entonces es depositado en las llamas y cremado.

En la edad actual, mas y mas personas que tienen conocimiento espiritual están conscientes de la importancia de la retrospección durante los primeros tres días después de la muerte. Esas personas instruyen a sus seres amados a que pongan sus cuerpos en refrigeración después de la muerte—sin embalsamar; ya que saben que el extraer la sangre del cuerpo en estos tres días importantes les evita

* El ritual moderno para los muertos añade doce horas al periodo de tres días como medida de precaución contra la intrusión sobre los muertos.

que tengan una retrospección de la muerte en paz. Las personas que están muy desarrolladas saben que la sangre no es solo una esencia de la vida, pero que también tiene el poder de fotografiar y registrar las emociones y pensamientos del hombre. Durante tres días después de la muerte, la sangre del hombre es sangre viviente, y contiene el ánimo y vitalidad de la vida que acaba de vivir. Cuando el cuerpo no está embalsamado, uno se comunica mas directamente con las emociones y los pensamientos retratados que están impresos en la sangre. Cuando uno es embalsamado, su Ángel Guardián tiene que transponer esas imágenes a sus sentimientos y sus pensamientos, y uno las experimenta de manera indirecta en vez de manera directa.

Mientras mas se interesen por los terrenos los hombres, el embalsamar y la preservación del cuerpo físico después de la muerte cesará. No habrán más cementerios ni bóvedas. Los cementerios serán reemplazados por monumentos comunitarios que contengan los nombres de los muertos. Una inscripción o registro que será inscrito en bronce sobre las paredes del monumento público. Cincuenta años después de la muerte, el nombre de la persona será quitado. Solo en raros casos de grandeza el nombre será conservado. Estos monumentos serán mantenidos por los gobiernos, y serán colocados en espacios pequeños, similares a un jardín, reverentemente conservados. Se convertirán en santuarios dentro de sus comunidades.

Cuando los hombres salgan de la fase cruda de la edad científica, las técnicas inofensivas de rayos-X serán utilizadas para observar en vivo las funciones del cuerpo humano. Estas técnicas dejaran obsoletas la disección de los muertos y la autopsia después de la muerte. El embalsamar, el entierro, y la cremación se convertiran en costumbres pasadas de moda. Ciertas energías ultrasónicas y electrónicas se utilizaran para desintegrar el cuerpo después de morir.

EL RITUAL DE LA MUERTE

En la edad actual, hay diferencias de opinión en cuanto al cuidado del cuerpo después de la muerte. El rito para los muertos, que es ofrecido por los vivos, debe correlacionar a los sacramentos del cielo; ya que todo ritual y sacramento se origina en el cielo. Aquellos quienes llevan el ritual para los muertos, y se sienten inciertos acerca de la realidad de la vida después de la muerte, no pueden darle auxilio a los muertos. Un verdadero ritual debe dar consuelo a los seres vivientes, y paz a los muertos. Hasta que aquellos que suministran ayuda a los muertos sean iniciados al verdadero ritual para los muertos, los ángeles tienen que permanecer al tanto para socorrer a los muertos y dar fuerza a los vivos.

No importa que palabras sean dichas durante los momentos del rito de la muerte, cada persona escribe sus epicedio con las obras de su vida. Sin embargo, cuando se dicen palabras que se correlacionan al epicedio verídico de la vida, esto le da poder al que ha muerto para elevarse.

El mejor epicedio para darle paz al que ha muerto es la música. La música que acompaña al ritual del muerto debe ser de naturaleza impersonal, desasociada de apego sentimental. La música, las flores, y velas prendidas, les permiten a los ángeles acercarse mas al muerto y a los que sufren por su muerte. La música le hace posible a los ángeles que magnifiquen el drama de la experiencia de la muerte para el que ha muerto; la música también auxilia en la transición y elevación en la muerte. Por medio de la ayuda de los ángeles, uno puede allegarse a su Ángel de Registro y leer su propio libro del juicio con menos aprensión ni miedo.

Los vivos deben de tener cuidado de seguir al pie de la letra la forma de ritual de la muerte que uno ha pedido, o en el que ha creído antes de morir. La imposición de un ritual no familiar al difunto es un rompimiento de ética espiritual.

Cuando hay duda de cual ritual de la muerte debe ser usado, el Padre Nuestro, el Salmo veintitrés, algunos de los pasajes de las palabras de Jesús, y el ritual para la muerte como fué dado por Salomón en Ecclesiastés (Capitulo 12, versículos 1 al 7) puede ser leído o recitado con reverencia.

En el Primer Cielo—donde habitan los santos, los Hombres en Vestimentas Blancas y los muertos ascendidos—los nombres de aquellos que están a punto de morir y los nombres de todos quienes han muerto recientemente son llamados cada sábado por la mañana, a la hora que corresponde a las 11 a.m. en cada área de la tierra. Uno puede orar mejor por los muertos el sábado en la mañana a las 11:00 a.m. Orar por el recién muerto el sábado siguiente a su muerte auxilia para elevar y edificar al que murió. Cuando uno ora por los muertos a las 11 a.m. el sábado por la mañana, se trabaja con el ritmo de las almas de los muertos; sus oraciones se unen con las ayudas celestiales para los muertos.

Si uno sueña continuamente con una persona que ha muerto, se debe orar por el muerto por un periodo de tres días después de ese sueño. Esas oraciones fortifican al que ha muerto para elevarse mas arriba del estado de los muertos atados a la tierra.

Las oraciones de los vivos para los muertos permiten que los ángeles se acerquen más a los muertos. Los muertos atados a la tierra y los muertos no ascendidos, por no estar conscientes de sus ángeles, se les hace más conscientes de los ángeles por medio de las oraciones de los vivos.

LOS TERREMOTOS Y LOS MUERTOS

Siempre que ocurren terremotos en la tierra, los muertos que están dormidos se despiertan por breve tiempo; los muertos no ascendidos se dan más cuenta de sus ángeles; y en el área donde es la actividad del terremoto, los muertos atados a la tierra son desalojados de sus ambientes estáticos. Cuando las capas interiores de la tierra son alteradas por terremotos, el que está atado a la tierra tiene la oportunidad de liberarse de sus obsesiones, y de hacerse parte de la compañía de los muertos no ascendidos. Algunos de los muertos vivificados se preparan para nacer en el medio ambiente donde ocurrió el terremoto. Las mentes subconscientes de los hombres que viven en el medio ambiente del terremoto son revueltas, y las conciencias de los hombres se hacen más sensibles.

Durante el momento de la resurrección de Jesús, ocurrió un gran terremoto, que afectó de manera etérea a la tierra y las cavernas del purgatorio. Esta sacudida terrestre hizo presión sobre los átomos del corazón de la humanidad. A partir de la resurrección de Jesús, las conciencias de los hombres, en la muerte y en la vida, han tenido una mayor actividad reprobadora.

> *Mas Jesús, habiendo otra vez exclamado con grande voz, dió el espíritu. Y he aquí, el velo del templo se rompió en dos, de alto á bajo: y la tierra tembló, y las piedras se hendieron; Y abriéronse los sepulcros, y muchos cuerpos de santos que habían dormido, se levantaron; Y salidos de los sepulcros, después de su resurrección, vinieron á la santa ciudad, y aparecieron á muchos. Y el centurión, y los que estaban con él guardando á Jesús, visto el terremoto, y las cosas que habían sido hechas, temieron en gran manera, diciendo: Verdaderamente Hijo de Dios era éste. (San Mateo 27:50-54)*

LA RESURRECCIÓN

Tal como los sentidos en la vida física se dirigen al exterior para explorar, en la muerte los sentidos dan la vuelta y se dirigen al interior y exploran el hombre interno, sus motivos, sus propósitos, y su lugar en el plan de la vida.

Durante la vida física, el hombre se fascina por las estaciones y los elementos; tiene una compulsión innata y deseo de dominar los elementos. En esta edad, se crean y diseñan maquinas, lanchas o botes, naves, para poder deslizarse sobre las olas, volar por los aires, y dominar los confines de la gravedad y los confines del espacio. Cuando llega la muerte, el hombre tiene que aclimatarse a la vida más allá de la gravedad. Tiene que acostumbrarse a su cuerpo eterno, a su alcance y circunferencia. Debe de reestablecer dentro de sí mismo una visión de mayor magnitud, y lo que ha sido anteriormente sus sentidos de percepción deben de ser remplazados por una forma de pensar y sentir más allá de la que se usa en el mundo de la gravedad.

Cuando el hombre pierde a alguien que ama porque ha muerto, y tiene completo entendimiento acerca de la muerte y del cuerpo eterno, vence algo de su propia experiencia de la muerte. Después de la muerte conocerá los auxilios de la mediación angelical, y tendrá mayor campo de acción para su cuerpo eterno.

Cuando los hombres viven en el mundo físico, están contenidos dentro de cuatro cuerpos. Estos cuerpos son el cuerpo físico, el cuerpo etérico, el cuerpo emocional, y el cuerpo mental. En la muerte, el cuerpo físico del hombre se desintegra; sus átomos esenciales y su química se regresan a la cuna de la naturaleza. El cuerpo etérico tiene dos partes: un cuerpo inferior etérico y un cuerpo superior etérico. Cuando uno muere, el cuerpo inferior etérico se convierte en un fuego que permite que el cuerpo físico se destruya. El cuerpo superior etérico se convierte en el cuerpo eterno después de la muerte.

El cuerpo emocional también tiene dos partes. Al momento de la muerte, el cuerpo emocional inferior, que se correlaciona con el mundo del purgatorio, comienza una disolución. Esto se llama la segunda muerte. Cuando el que ha muerto se ha soltado del cuerpo inferior emocional, por medio de las varias etapas del purgatorio, queda en libertad de funcionar en su cuerpo emocional superior, su cuerpo mental, y su cuerpo etérico superior. El cuerpo etérico superior es el cuerpo eterno o cuerpo espiritual.

> *. . . Hay cuerpo animal, y hay cuerpo espiritual. (1 Corintios 15:44)*

> *Mas dirá alguno: ¿Cómo resucitarán los muertos? ¿Con qué cuerpo vendrán? (1 Corintios 15:35)*

Jesús, siendo sacerdote según el orden de Melchisedec, utilizó el poder para manifestar y para de-manifestar. Por lo tanto, en el intervalo de los tres-días después de la muerte, Jesús auto-cremó Su cuerpo físico. Él de-manifestó Su cuerpo físico, Su cuerpo etérico inferior, y Su cuerpo emocional inferior por medio de el poder espiritual.

Respondió Jesús, y díjoles: Destruid este templo, y en tres días lo levantaré. Dijeron luego los Judíos: En cuarenta y seis años fue este templo edificado, ¿y tú en tres días lo levantarás? Mas él hablaba del templo de su cuerpo. Por tanto, cuando resucitó de los muertos, sus discípulos se arcordaron que había dicho esto; y creyeron á la Escritura, y á la palabra que Jesús había dicho. (San Juan 2:19-22)

Porque como estuvo Jonás en el vientre de la ballena tres días y tres noches, así estará el Hijo del hombre en el corazón de la tierra tres días y tres noches. (San Mateo 12:40)

Después de Su resurrección, Jesús se le manifestó a Maria Magdalena en el jardín. Ella no lo reconoció, porque ella no conocia Su cuerpo etérico superior. Jesús le ordenó "No me toques," ya que Él aun tenia que ensamblar Su cuerpo etérico superior y coordinarlo con el estado de después de la muerte.

Dícele Jesús: No me toques: porque aun no he subido á mi Padre: mas ve á mis hermanos, y diles:

Subo á mi Padre y á vuestro Padre, á mi Dios y á vuestro Dios. (San Juan 20:17)

Jesús, por ser el Mesías, pudo permanecer cerca de sus discípulos por cuarenta días después de haber muerto, para instruirles acerca de su apostolado futuro. Durante este periodo, Jesús entró y salió de los mundos del purgatorio, porque era su última misión, el liberar a los que estaban atados a la tierra y que habían permanecido en el purgatorio por eones.

(Y que subió, ¿qué es, sino que también había descendido primero á las partes más bajas de la tierra? El que descendió, él mismo es el que también subió sobre todos los cielos para cumplir todas las cosas.) (Efesios 4:9,10)

Cuando concluyeron los cuarenta días después de su muerte, Jesús "subió sobre todos los cielos," donde él ahora habita, y es el Señor sobre los vivos y los muertos.

Jesús es el plano o prototipo perfecto del hombre. Cuando Jesús ascendió al Tercer Cielo, los vivos y los muertos, en cierto grado, fueron elevados. Con el paso de los tiempos, quienes creen en Él, y que conocen que Él es el Hijo del Hombre, serán "semejantes á él."

Cuando los hombres sean semejantes á Jesús, no existirá más el morir o la muerte.

Y yo, si fuere levantado de la tierra, á todos traeré á mí mismo. (San Juan 12:32)

Muy amados, ahora somos hijos de Dios, y aun no se ha manifestado lo que hemos de ser; pero sabemos que cuando él apareciere, seremos semejantes á él, porque le veremos como él es. Y cualquiera que tiene esta esperanza en él, se purifica, como él también es limpio. (1 Juan 3:2,3)

Y limpiará Dios toda lágrima de los ojos de ellos; y la muerte no será más; y no habrá más llanto, ni clamor, ni dolor: porque las primeras cosas son pasadas. (Apocalipsis 21:4)

ÍNDICE

A

abuelos 25
adolescente 54
adoración 86, 98
adulterio 75
agnóstico 8, 114
alcohol 78
alegría 8, 31, 32, 49, 129
alma(s) 7-15, 18, 22, 26, 29, 31-36, 38-43, 46-48, 51, 53, 54, 56-59, 62-64, 66, 67, 69, 71-73, 75, 76, 79, 82-85, 87, 92-94, 100, 102, 103, 108, 112, 115, 120, 123, 125, 127-129, 132, 135, 138, 153, 155-159, 161, 163-166, 170
  facultades del 51, 56, 135, 166
  registro de 35, 75, 85, 92, 94, 123, 125
amor 10, 18, 19, 25, 33, 37-40, 50, 57, 60, 61, 69, 70, 72, 73, 75-77, 80, 93, 106, 107, 117, 119, 129, 136, 137, 147, 151, 155, 156, 158, 160, 161
Amor de Dios 33, 60, 93
amoral 55, 108
ancestral 26, 36, 127-129, 140, 143, 144
anestesia
  olas de 96
  muerte 11, 64, 132, 133, 160
  pre-nacimiento 124
  purgatorio 64, 82
Ángel(es) 15, 19, 20, 32, 33, 49, 54, 82, 97, 121, 136, 145-148, 151, 152, 156, 169, 171
  de Especie 118, 119
  de Fauna 118
  Guardianes 10, 11, 20, 24, 32, 56, 92, 123-125, 132, 136, 139, 140, 147, 149, 167
  de la Muerte 4, 11, 15, 20, 24, 25, 28, 147, 160, 163

del Nacimiento 146, 151
Oscuro 4
personales 19, 57, 59, 97
Planetarios 154
de Propagación 125
del Purgatorio 163
Querubines 58, 59, 148
de Registro 25, 32, 36, 123, 124, 132, 136, 137, 139, 169
de Resurrección 4
animales 105, 117-119
Anticristo 98
Arcángel 136
Gabriel 138
Miguel 140, 141
Rafael 139
Uriel 139
archetipo 150
Archivos de Vida, Muerte, y Nacimiento 123
arquitectura 142
arrepentimiento 47, 48, 50, 51, 53, 55, 61, 71, 75, 76, 86, 89, 91, 95, 116, 120, 121, 124, 125, 127, 129, 140, 157
arte 26, 57-59, 142
artistas 59
asesino 81, 96
astral
gurú 109, 112
ictericia 104
juguetes 112
atado a la tierra 73, 77, 78, 87, 89, 95, 100, 101-104, 106, 108, 109, 111, 117, 124, 158, 170, 171, 176
ateísmo 8, 9, 41, 52, 67-70
Atlántida 112-115
avaro 72-73

B

bautismo 86, 87
bazo 34, 36
bebé 17-19, 35
belleza 25, 37, 92, 135, 142
bendición(es) 19, 29, 37, 44, 49, 60, 61, 87, 91, 138, 151, 162
bienaventuranza 41, 42, 59
boda 151
bondad 32, 38, 42
bruja de En-dor 99, 100
buen(o) 9, 32, 37, 42, 47, 60, 91, 111, 135

C

cabeza, corona de 34, 39
campo de invitación 101
campo neutral 101
cañón de ecos 80
caridad 22, 56
cavernas
  de aislamiento criminal 88-90
  de la castidad 75, 76, 78
  de empobrecimiento 72, 73
  del glamour 57, 74
  de-la-gravedad 66
  del juicio 86
  de la lujuria 76, 78, 79
  de la misericordia 83-85
  de las palabras verdaderas 80, 81
  del purgatorio 63, 65, 66, 68-70, 72, 75, 78, 88-92, 95, 98, 116, 117, 119, 121, 123, 125, 132, 145, 146, 150, 171
  del silencio 80

de tumultos horizontales 81, 82
celibato 79
Cielo (gloria) 5, 8, 9, 10, 14, 19, 20, 21, 23, 30, 31, 33, 39, 42, 54, 57, 59, 60, 61, 67, 69, 74, 86, 92, 94, 99, 115, 116, 121-123, 128, 131-134, 136, 139, 140, 144-146, 153, 158, 162, 168, 176
ancestral 144
corredores del 92
Primer 91, 92, 121, 131, 136, 152, 170
Segundo 154
Tercer 153, 176
ciencia 165
cínico 9, 10, 16
cinismo 14, 17
Claustros de los Santos 131, 152, 153
color 82
conciencia 9, 14, 26, 29, 31, 40, 41, 46-48, 51, 54, 55, 63, 64, 66, 67, 79, 83, 93, 94, 116-118, 121, 125, 137, 152, 157, 163, 171, 172
conmoción 11
conocimiento 14, 15, 18, 26, 33, 40, 43, 89, 94, 97, 103, 112, 114, 115, 127, 136, 137, 142, 164, 165, 166, 171
contrición 44, 46-58, 60, 61, 63, 65-67, 70, 71, 76, 84, 85, 96
intervalo de 44, 47-61, 63, 65-67, 70, 71, 76, 83-85
contrito 29, 50, 67, 75, 132, 157
corazón 14, 19, 26, 27, 29, 32, 34, 37-39, 40, 41, 46, 48, 51, 56, 59, 61, 64, 67, 70, 72, 81, 89-91, 98, 110, 121, 126, 132, 137, 146, 156-158, 172
cordón
del alma 33, 36
arquetípico 33-35
de plata 33, 34, 36, 38, 39
umbilical 33

corredores
del cielo 92
iluminados 132, 133, 135, 146
subterráneos 111
creación 58, 59
Creador 84
creatividad 8, 124
cremación 165, 168, 175
crímenes 82, 88, 89, 91, 104
criminal 55, 88-90
muerto 55, 82, 89-91
Cristo 110, 114, 139
cuerpo 8, 9, 13, 32-37, 57, 79, 97, 99, 102, 104, 109, 113, 114, 116, 123, 126, 129, 152, 155, 156, 158, 164-168, 173, 174
emocional 66, 96, 173-175
espiritual 174
etérico 173-175
eterno 33, 35, 39, 154, 156, 157, 173, 174
físico 8, 13, 32-34, 36, 37, 79, 99, 116, 127, 130, 166, 167, 173-175
mental 173, 174
que reaparece 97

D

descansos-interinos 134, 135
descarnado 113
deseo de muerte 12, 13
dicha 85, 122, 128, 132, 137
dignos, los 152
dinero 72, 73, 88
Dios 7, 9, 10, 11, 17, 18, 26, 27, 29, 31-35, 40-44, 49, 53, 56, 57, 61, 66, 68, 69, 76, 79, 84, 86, 88, 90-93, 95, 98,

100, 116, 123, 124, 131, 135, 142, 148, 154-156, 158-161, 176, 177
Palabra de 132, 158
Plan de 7, 18, 40, 69, 84, 155
Reino de 131, 153
Voluntad de 10, 18, 29, 57, 159, 160
discípulos 21, 105, 153, 176
dolor 4, 11, 13, 15, 33, 39, 116, 122, 158
duelo 14-17, 19, 20, 22, 23, 49, 149

E

Ecuación de Dios 27, 35, 123, 155, 159, 160
Egipto 113, 114
ego 102
Elegido(s) 20, 44, 61, 64, 65, 129, 131, 154
elementales 113, 114
embalsamar 165-168
embrión 33, 127
emocion(es) 7, 18, 23, 38, 43, 54, 56, 63, 65-67, 74, 75, 77, 78, 95-97, 99, 106, 108, 115, 117, 122, 135, 136, 143, 156, 167, 174, 175
enfermedad 12, 22, 24, 54, 105, 114, 164
entidad(es) 77, 78, 97, 100-104, 107, 109, 111-113
Época Científica 108, 164, 165, 168
equinoccio 138
otoñal 86, 136, 140, 141
primaveral 136, 139
escritores 59
escritura automática 112
espiritista(s) 9
Espíritu 22, 33-35, 134, 172
Espíritu-de-Cristo 139
Espíritu de la Verdad 131
Espíritu Santo 13

espíritus inmundos 105
estaciones cósmicas 136, 137
éter sutil 101
ética 25, 58, 71, 90, 99, 107, 114, 130, 132, 150, 153, 163-165, 170

F

facultades-del-alma 51, 56, 135, 166
fe 14, 29, 45, 61, 153
felicidad 85, 106, 122, 128, 132, 137
fenómeno 97, 99, 100, 114
fragancias santas 149

G

garganta 34, 39
genio 57
genocidio 12, 83
gracia 12, 15, 19, 23, 42, 44, 49, 60, 65, 120, 125, 132, 134, 141, 144, 148, 159-161, 163, 165
toque de 60
Grandes Inmortales 154
gravedad 64, 124, 173
muertos atados-por-la- 115-117
de nacimiento 124
sutil 64, 66, 76, 80, 117, 123
guerra 10, 12, 23
gurús astrales 109-112

H

hígado 34, 38
hijo(s) 87, 93, 128, 139, 145-147
hipnosis 101, 104
hipocresía 70, 71
Hombres en Vestimentas Blancas 20, 49, 51-53, 59, 69, 75,

77, 82, 84, 85, 90, 95, 117, 133, 142-146, 156, 157, 170
Hueste (celestiale) 154
hum arquetípico 34, 35
hum vibratorio 158
humor 25, 109

I

ictericia astral 104
Iluminati 59, 142
imaginación 9, 75, 112, 148
Indios (indígenas) 112
Indios del Este 108
individualidad 11, 82
infancia 129, 147
infierno 9, 27, 62, 66, 68, 69
iniciación 14, 109, 154
iniciado 114, 169
inmortalidad 9, 10, 15, 18, 38, 43, 45, 59-61, 77, 137, 139, 142
institución penal 88, 90
intervalo de contrición de 90-días 44, 47-61, 63, 65-67, 70, 76, 84, 85

J

Jerarquía 154
Jesús 20, 21, 35, 53, 64, 65, 76, 88, 90, 91, 105, 127, 138, 143, 153, 154, 170-172, 174-177
joyas 136
Juana de Arco 141
justicia 11, 66, 71, 73, 86, 91, 123, 146, 156

L

lástima 38, 73
ley(es) 72, 73, 78, 113, 116

de Dios 11, 31, 86, 93, 116, 132, 158, 159, 165
eternas 60
morales 42
de la Naturaleza 116
de oferta 72
literatura 58, 142
locura 56, 58
longevidad 12
lujuria 76, 78, 79, 88, 98
luna 143
luz 7, 9, 32, 45-48, 56-58, 62, 64, 66, 83, 110, 115, 120-123, 127, 129, 131, 132, 135, 139, 142, 144, 152-155, 160

M

madre 19, 20, 127, 145, 147, 148
Madre, el Velo de la 146-148
magia (mágico/a) 108
magnetismo 54, 98, 110
sexual 77
maldición 52, 53
mártires 141
matanzas 83
materialista 9, 14, 16, 41, 67, 108, 141
matrimonio 75, 78, 79, 106, 140, 143, 151
matriz de pre-nacimiento 123, 124, 127-129, 138-141
mediación espiritual 44, 173
meditación 122
médium 98, 110, 113
memoria(s) 8, 16, 26, 41, 42, 64, 112, 155, 161
ancestral 26
inmortal 8
subconsciente 41
mentalidad 67, 112
mentalmente trastornado 56, 57

mente(s) 9, 10, 13, 14, 16, 26, 27, 40, 48, 49, 52, 60, 68, 70, 87-90, 103, 107, 111, 121, 130, 132, 134, 135, 137, 139, 149, 156, 158
subconsciente 41, 42, 56, 62-64, 103, 112, 124, 171
mentiroso 80, 81
metafísico(a) 9, 109, 111
miedo 11, 28, 169
misericordia 32, 37, 38, 41, 53, 66, 83-86, 91, 156, 164, 165
de Dios 10, 53, 56, 57, 66, 86, 90, 95, 124, 135
moralidad 55
motivos 8, 26, 38, 51, 76, 85, 106, 107, 172
muerte
anestesia de la 11, 64, 132, 133, 160
Ángel(es) de la 4, 11, 15, 20, 24, 25, 28, 147, 160, 163
natural 10, 11, 25
Ritual de la 97, 114, 163, 168-170
segunda muerte 65, 66, 158, 161, 174
muerto(s)
aparecido 97, 98
apartados 83, 145
ascendidos 59, 62, 63, 65, 69, 92, 121, 124, 126-129, 131-135, 137-154, 156, 158, 162, 170
Preceptor de los Muertos Ascendidos 69
atados a la tierra 54, 63, 66, 73, 77, 78, 87, 89, 93-98, 101, 102, 104-108, 112, 113, 115, 139, 143, 145, 156, 171
atados-por-la-gravedad 115-117
bien-intencionado 94, 95
buenos 60
cansados 84,85
creativos 57
criminales 55, 82, 89-91
Elegidos 44
fatigados 84, 85

malvados 56
neurasténicos 82
no ascendidos 50, 62, 63, 65, 66, 74, 84, 94, 119-121, 124, 127, 129, 134, 135, 139, 143, 145, 150, 158, 162, 171
puros 44, 60
Santos 44
vivificados 95, 120-125, 127, 129, 134, 140, 142, 145, 151, 162, 171
Mundo del Oeste 109
mundos
internos 12, 32
del purgatorio 62, 87, 95, 117, 174, 176
subconscientes 62
superiores 26, 33, 43, 47, 74, 86
música 31-33, 38, 58, 59, 64, 82, 121, 122, 132, 136, 142, 149, 158, 169
terapia 82
músicos 59

N

nacimiento 7, 32, 37, 46, 66, 72, 84, 95, 96, 108, 116, 120-124, 125, 127, 128, 138-141, 146, 147, 151, 163
matriz de pre-nacimiento 123, 124, 128, 129, 138-141
Naturaleza 36, 37, 72, 116
Navidad 86
neurótico(s) 56
muertos 82
niño(s) 17-20, 22, 23, 54, 87, 147, 148
90-días de contrición, intervalo de 44, 47-61, 63, 65-67, 70, 76, 84, 85

O

obra(s) 8, 9, 27, 42, 126, 131, 157, 160

obsesión 13, 103
oculto 89, 113, 114
ocultismo 108, 113, 134
ocultista 108, 111-114
odio 16, 50, 52, 60, 67, 81, 88, 161
oferta, ley de 72
oído 32
  interno 31
oración(es) 29, 30, 53, 54, 86, 87, 91, 97, 99, 107, 116, 131, 152, 153, 160, 161, 170, 171
Orden de San Judas 90, 91

P

Pablo el Apóstol 72
Pabellones de Luz 120-123, 125
padre(s) 18-20, 23, 25, 54, 87, 127-129, 145, 148, 151
Padre 53, 99, 100, 110, 154, 158, 175, 176
palabra 80, 81, 131, 150
Palabra de Dios 132, 158
paraíso 91, 92, 144
Pascua 86
pecado(s) 13, 53, 76, 84, 88, 93, 116
pena (pesar) 14, 15, 19, 23, 90, 122, 132
pensamiento(s) 7, 13-16, 23-26, 33, 36, 38, 42, 48, 49, 51-58, 60, 63, 67, 68, 70, 78, 89, 96, 101, 104, 106, 107, 111, 122, 125, 128, 136, 143, 149, 156, 161, 162, 165, 167, 173
perdón 47, 48, 50, 53, 56, 91
personalidad 24, 43, 103
perversión 76, 77, 108
Plan de Dios 7, 18, 40, 69, 84, 155
Planetarios, Ángeles 154
planetas 136, 142

poderes
espirituales 60, 101, 103, 175
ocultos 89, 111, 112, 134
psíquicos 101, 103, 111
súper sensoriales 113
poeta(s) 31, 58, 59
posesión 78, 102-104, 111-113
pre-purgatorio 22, 25, 26
Preceptor de los Muertos Ascendidos 69
Presencias
Celestiales 121
del Cielo 19, 20, 57, 60, 67, 132
Santas 131
Primer Cielo 91, 92, 121, 136, 152, 170
procreación 36, 75
profeta(s) 29, 64, 100, 129, 131, 141, 150
sueño del 100
profético 25
propagación 78, 140, 143
angeles de 125
psicópata 56
psiquiatras 29, 103
psíquica 97, 109, 114
artes 100, 111, 112
poderes 101, 103
niveles 111
regiones 110
purgatorio 10, 14, 22, 25-27, 36, 39-44, 47, 62-67, 70, 72-74, 78-82, 84, 86-92, 94, 95, 97, 105, 116-118, 120, 121, 123, 125, 132, 135, 144-147, 150, 163, 164, 172, 174, 176
cavernas de 63, 65, 66, 68, 70, 72, 74, 75, 78, 80, 88-92, 95, 116, 117, 119, 121, 123, 125, 132, 145, 146, 150, 171

purgatorio-interino 36, 40-44, 46, 65, 87

Q

Querubines 58, 59, 148

R

Reino de Dios 131, 153
reencarnación 113, 115, 117, 118, 125, 126, 129
    ondas de 73, 124-127
registro del alma 35, 75, 85, 92, 94, 125
religión 8, 9, 18, 86, 87
re-personificación 113
resurrección 4, 65, 139, 158, 170-172, 175
revelación 14
reverente 16, 18, 29, 36, 42, 137, 165, 168, 170
Rito para los Muertos 97, 163, 168-170

S

sabiduría 22, 25, 33, 130
sacerdotes 29, 78, 108, 113, 114, 174
    funerarios 113, 114
sacramentos 86, 87, 151, 168
Sala de Registro 134
Salones de Aprendizaje 123, 125
Salvadores 45, 61, 65, 91
    menos 129
Samuel 99, 100
sanación 7, 32, 54, 57, 84, 149
sangre 82, 129, 140, 162, 166, 167
Santos 44, 61, 64, 65, 131, 132, 141, 149, 152, 153, 170
Saturno 155, 158, 163
Saúl 99, 100
segunda muerte 65, 66, 158, 161, 174
Segundo Cielo 154

senil 27, 28
sensual 9, 37, 51, 77
sentidos 18, 23, 24, 27, 36, 37, 41, 63, 66, 67, 78, 96, 113, 135, 160, 172, 173
sentimientos 36, 38, 57, 68, 69, 85, 101, 104, 106, 107, 115-117, 122, 125, 167, 169
sexual 36, 75, 77-79, 112
símbolos 24
sistema muscular 112
sistema nervioso 102, 112, 113, 136
sociedad 55, 76, 116, 126
solsticio invernal 136, 138
solsticio vernal 86, 136, 139-140
sombriá 14, 27
sombrió 32, 82, 83, 158
sonido 24, 32, 36-38, 40, 80, 97, 135, 136
subconsciente 41, 42, 56, 62-64, 103, 112, 124, 171
sueño (dormir) 7, 33, 40-42, 72, 78, 83, 86, 114, 121, 122, 132, 135, 147, 149
  congelado 40, 41, 83
  dichoso 41, 42
  misericordioso 40, 41
  tipo coma 41
Sueño del Profeta 100
sueños 24, 25, 54, 70, 86, 110, 122, 133, 141, 147, 148, 162
suicidio 13, 102, 104, 115

T

tabaco 78
telepatía 45, 46, 48, 49, 52, 54, 56, 59, 70, 71, 85, 96, 109, 133, 136, 137, 142, 143, 147, 149, 150, 161, 162
  cósmica 136-138
temor 4, 14, 22, 28, 32, 47, 87, 97, 147, 169

terapia (cromo) 82
terapia (musical) 82
Tercer Cielo 153, 176
terremotos 12, 171, 172
testamento después de la muerte 160, 161
tono 32, 38, 81, 82, 116, 158
trasmigración 105

V

Velo-Madre 146-148
verdad 46, 55, 81, 93, 112, 131
vida(s)
anteriores 11, 13, 50, 51, 106, 116
creativa 57
espiritual 38, 60, 101, 110, 142
eterna 4, 8, 17, 33, 43, 66, 68
después de la muerte 9, 15, 18, 29, 31, 39-41, 43, 46, 68-71, 82, 94, 99, 108, 119, 124, 137, 145, 147, 156, 157, 165, 168
futuras 12, 50, 53, 71-74, 78, 81, 124, 140, 142
mas allá de la muerte 48, 53, 69, 70, 75, 82, 85, 86, 94, 97, 117, 121, 145, 147
pasadas 12, 35, 41, 43, 44, 48, 51, 108, 117, 123, 159
previas 4, 11, 12, 19, 42, 48, 69, 73, 79, 89, 103, 111, 121, 134, 140, 161, 162
próxima 40, 43, 51, 58, 75, 81, 82, 94
reciente 48, 73, 117, 162
siguiente 37, 50, 81, 119-121, 124, 135, 138
venideras 42, 72, 77, 85, 90, 124, 128, 135, 147
violencia 10, 11, 54, 59, 96
voluntad 7, 27, 29, 37, 38, 56, 65, 74, 96, 101-103, 109, 111, 112, 125, 126, 156, 158
Voluntad de Dios 10, 18, 29, 57, 159, 160

Voluntad Eterna 159
Voluntad del Padre 110
vuelo-nocturno 122, 149

Y

Yoga 108, 109

www.ingramcontent.com/pod-product-compliance
Ingram Content Group UK Ltd.
Pitfield, Milton Keynes, MK11 3LW, UK
UKHW020224250726
13967UKWH00001B/171

9 780917 189296